交通运输企业主要负责人和安全生产管理人员培训丛书

交通运输建筑施工企业

主要负责人和安全生产管理人员培训教材

本书编写组　编

交通运输部安全委员会办公室　审定

《中华人民共和国安全生产法》第二十四条

生产经营单位的主要负责人和安全生产管理人员必须具备与本单位所从事的生产经营活动相应的安全生产知识和管理能力。

道路运输单位的主要负责人和安全生产管理人员，应当由主管的负有安全生产监督管理职责的部门对其安全生产知识和管理能力考核合格……

人民交通出版社股份有限公司
China Communications Press Co.,Ltd.

内 容 提 要

本书根据《安全生产法》对企业主要负责人和安全生产管理人员的要求编写，全书共分七章，主要内容包括：安全生产法律法规、企业安全管理主体责任、安全管理基础知识、施工安全技术、施工风险识别及控制措施、交通运输建筑施工应急救援和事故报告、调查处理及典型事故案例等相关内容。

本书适用于交通运输建筑施工企业主要负责人和安全管理人员培训和学习。

图书在版编目（CIP）数据

交通运输建筑施工企业主要负责人和安全生产管理人员培训教材／《交通运输建筑施工企业主要负责人和安全生产管理人员培训教材》编写组编．—北京：人民交通出版社股份有限公司，2016.7

ISBN 978-7-114-13026-7

Ⅰ．①交… Ⅱ．①交… Ⅲ．①交通运输企业—安全生产—生产管理—技术培训—教材②建筑施工企业—安全生产—生产管理—技术培训—教材 Ⅳ．①F512.6②TU714

中国版本图书馆 CIP 数据核字(2016)第 110797 号

Jiaotong Yunshu Jianzhu Shigong Qiye Zhuyao Fuzeren he Anquan Shengchan Guanli Renyuan Peixun Jiaocai

书　　名：交通运输建筑施工企业主要负责人和安全生产管理人员培训教材
著 作 者：本书编写组
责任编辑：林宇峰
出版发行：人民交通出版社股份有限公司
地　　址：(100011)北京市朝阳区安定门外外馆斜街 3 号
网　　址：http://www.ccpress.com.cn
销售电话：(010)59757973
总 经 销：人民交通出版社股份有限公司发行部
经　　销：各地新华书店
印　　刷：北京鑫正大印刷有限公司
开　　本：880×1230　1/32
印　　张：7.625
字　　数：205 千
版　　次：2016 年 7 月　第 1 版
印　　次：2016 年 12 月　第 3 次印刷
书　　号：ISBN 978-7-114-13026-7
定　　价：30.00 元
(有印刷、装订质量问题的图书由本公司负责调换)

交通运输企业主要负责人和安全生产管理人员培训丛书

编　委　会

鸣　谢：北京中平科学技术院

前　言

《中华人民共和国安全生产法》(以下简称《安全生产法》)第二十四条规定:“生产经营单位的主要负责人和安全生产管理人员必须具备与本单位所从事的生产经营活动相应的安全生产知识和管理能力。危险物品的生产、经营、储存单位以及矿山、金属冶炼、建筑施工、道路运输单位的主要负责人和安全生产管理人员,应当由主管的负有安全生产监督管理职责的部门对其安全生产知识和管理能力考核合格。”为了使交通运输企业主要负责人和安全生产管理人员能够不断学习安全生产管理知识,提高安全生产管理能力,并通过主管部门的考核,我们组织编写了《交通运输企业主要负责人和安全生产管理人员培训丛书》。丛书共分10册:

(1)《城市公共汽车客运企业主要负责人和安全生产管理人员培训教材》;

(2)《城市轨道交通运输企业主要负责人和安全生产管理人员培训教材》;

(3)《出租汽车企业主要负责人和安全生产管理人员培训教材》;

(4)《道路旅客运输企业主要负责人和安全生产管理人员培训教材》;

(5)《道路危险货物运输企业主要负责人和安全生产管理人员培训教材》;

(6)《道路普通货物运输企业主要负责人和安全生产管理人

员培训教材》;

(7)《道路货物运输站场主要负责人和安全生产管理人员培训教材》;

(8)《机动车维修企业主要负责人和安全生产管理人员培训教材》;

(9)《汽车客运站主要负责人和安全生产管理人员培训教材》;

(10)《交通运输建筑施工企业主要负责人和安全生产管理人员培训教材》。

丛书根据交通运输企业实际情况,按照理论与实践相结合的原则进行编写,根据交通运输各经营类别的特点,将安全生产管理知识充分融入实际工作之中,使企业主要负责人和安全生产管理人员能够通过学习切实提高安全知识水平和实际安全生产管理能力。

本书经过大量的现场咨询考察和调研编写而成,本书具备如下特点:

(1)依据最新法规内容要求编写,符合行业管理要求。

(2)结合大量交通运输建筑施工企业现场咨询调研实际情况进行编写,并与施工单位人员充分进行沟通实践,理论与实际紧密结合。

(3)本教材充分结合行业特点,更具备针对性。

本书共分7章,从法律法规、安全生产主体责任、安全生产管理基础、施工安全技术、施工风险识别及控制措施、交通运输建筑施工应急救援、事故报告、调查处理及典型事故案例等各方面对安全生产管理知识进行讲解,供交通运输建筑施工企业主要负责人和安全生产管理人员学习和参考。

本书由周烨、顾一波主编，张建光、张成全、张亮亮、姜华副主编，于文金、乔树胜、刘伟、李有亮、李卫平、李世安、肖慧莎、何远义、杨弘卿、唐朱宁、韩学义、程靖、靳丽莲、廖雅杰参与编写。

由于编者的水平有限，书中难免有不妥之处，敬请广大读者批评指正。

交通运输企业主要负责人和安全生产管理人员培训丛书编委会

2016 年 3 月 15 日

目　录

第一章　交通运输建筑施工法律制度

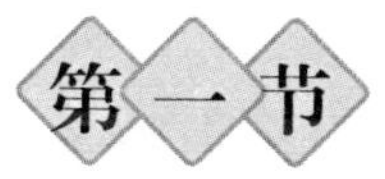

第一节　交通运输建筑施工安全生产法律法规体系

安全生产法规是国家关于改善劳动条件，实现安全生产，保护劳动者在生产过程中的安全与健康而制定的各种法律、法规、规章和规范性文件的总和，是生产实践中的经验总结和对自然规律的认识和运用，是以国家强制力保证其实施的一种行为规范，是必须执行的法律规范。安全生产法规的目的是调整建设过程中人与人、人与自然间的关系，保障劳动者在生产过程中的安全与健康。就法律规范而言，一般可分为技术规范和社会规范两大类。技术规范，是指人们关于合理利用自然条件、生产工具、交通工具和劳动对象和行为准则，如操作规程、标准和规范等。社会规范，是指调整人与人之间社会关系的行为准则。

安全法规的作用体现在以下几个方面：

(1)安全法规是贯彻安全生产方针、政策的有效保障。

(2)安全法规是保护劳动者安全与健康的重要手段。

(3)安全法规是实现安全生产的技术保证。

安全法规主要包括以下几个方面：

(1)关于安全技术和劳动健康的法规。

(2)关于工作时间的法规。

(3)关于女工等实行特别保护的法规。

(4)关于安全生产的体制和管理制度的法规。

(5)关于劳动安全和劳动健康监督管理制度的法规。

新中国成立以来,我国颁布并在用的有关安全生产、劳动保护的主要法律法规约280余项,内容包括安全卫生类、三同时类、伤亡事故类、女工和未成年工保护类、职业培训考核类、特种设备类、防护用品类及检测检验类;颁布各类劳动安全卫生国家标准200多项。

《中华人民共和国宪法》第42条明确规定“加强劳动保护,改善劳动条件”。对我国安全生产工作做出了最高法律规定。改革开放以来,我国安全生产法制建设有了很大进展,先后制定并颁布了《海上交通安全法》《劳动法》《建筑法》《消防法》《危险化学品安全管理条例》《安全生产法》等法律、法规;各有关部门根据安全生产的法律法规先后制定了有关安全生产规程、安全技术标准、技术规范;各省、自治区、直辖市也根据有关法律的授权和本地区实际工作需要,相继制定了一些地方性的安全生产法规、规章。

所有这些法律、法规、规章和标准构成了我国安全生产法律法规体系的重要内容,对提高安全生产管理水平,减少伤亡事故起到了重要作用。尤其是《安全生产法》的颁布实施,是我国安全生产领域影响深远的一件大事,是安全生产法律建设的里程碑,它标志着我国安全生产工作进入了一个新阶段。

在交通运输建筑施工工程安全管理方面,我国的法规体系主要是以宪法为立法根据,以《公路法》《安全生产法》《突发事件应对法》等法律为母法,以《建设工程安全生产管理条例》《安全生产许可证条例》等行政法规为主导,以《公路水运工程安全生产监督管理办法》、《公路建设监督管理办法》等部门规章为配套,以大量的技术标准为技术性延伸,以有关法律法规规章的相关规定为补充,包括安全生产地方性法规、规章、标准在内的一个多层级、多类型的法律规范性文件体系。我国交通运输建筑施工安全生产法规体系框架如图1-1所示。

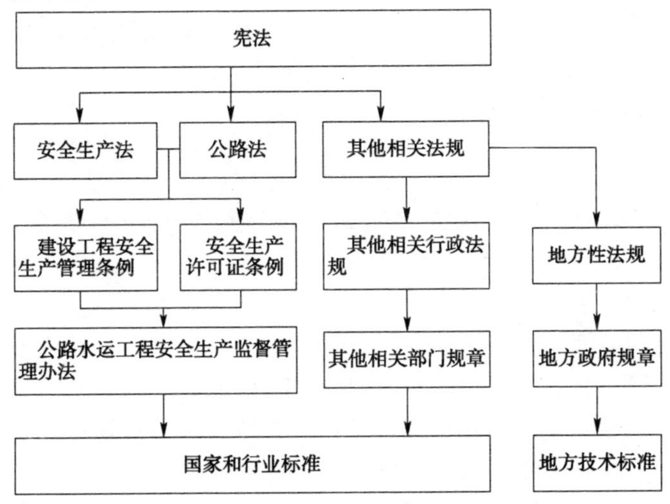

图1-1　交通建筑施工安全管理法规体系框架

第二节　安全生产相关法律法规

一、中华人民共和国安全生产法

我国在2002年颁布实施的中华人民共和国安全生产法的基础上，于2014年修改并颁布实施新的中华人民共和国安全生产法（以下简称《安全生产法》），以进一步优化解决社会主义市场经济体制下安全生产工作的法律化、制度化问题。安全生产法旨在促进安全生产工作以人为本，坚持安全发展，坚持安全第一、预防为主、综合治理的方针，强化和落实生产经营单位的主体责任，建立生产经营单位负责、职工参与、政府监管、行业自律和社会监督的机制。普遍适用于各行业和各类生产经营单位。该法从生产经营单位的安全生产保障、从业人员的权利和义务、安全生产的监督管理、生产安全事故的应急救援与调查处理和法律责任5个方面对安全生产工作作出详细规定。

❶ 生产经营单位的安全生产保障

第17条　生产经营单位应当具备本法和有关法律、行政法规和国家标准或者行业标准规定的安全生产条件;不具备安全生产条件的,不得从事生产经营活动。

第18条　生产经营单位的主要负责人对本单位安全生产工作负有下列职责:

(1)建立、健全本单位安全生产责任制;

(2)组织制定本单位安全生产规章制度和操作规程;

(3)保证本单位安全生产投入的有效实施;

(4)督促、检查本单位的安全生产工作,及时消除生产安全事故隐患;

(5)组织制定并实施本单位的生产安全事故应急救援预案;

(6)及时、如实报告生产安全事故;

(7)组织制定并实施本单位安全生产教育和培训计划。

法规第19条到第48条详细规定了生产经营单位保障生产安全的各项义务和责任,如表1-1所示。

生产经营单位的安全生产义务和责任　　表1-1

序号	生产经营单位的义务
1	具备安全生产条件所必需的资金投入
2	设置安全生产管理机构或配备专职安全管理人员,且管理人员必须具备相应的安全生产知识和管理能力
3	对从业人员进行安全生产教育和培训
4	安全生产三同时

续上表

序号	生产经营单位的义务
5	安全条件论证和安全评价
6	安全设施设计和施工的安全保障
7	生产经营场所和有关设施、设备上，设置明显的安全警示标志
8	对安全设备或特种作业设备进行经常性维护、修理，并定期检测，保证正常运转
9	对重大危险源登记建档，进行定期检测、评估、监控，并制定应急预案
10	为从业人员提供劳动防护用品，安排相应的经费
11	对安全生产状况进行经常检查
12	签订安全管理协议
13	依法参加工伤社会保险，为从业人员缴纳保险费

❷ 从业人员的权利和义务

第49条　生产经营单位与从业人员订立的劳动合同，应当载明有关保障从业人员劳动安全、防止职业危害的事项，以及依法为从业人员办理工伤保险的事项。

生产经营单位不得以任何形式与从业人员订立协议，免除或者减轻其对从业人员因生产安全事故伤亡依法应承担的责任。

第50条　生产经营单位的从业人员有权了解其作业场所和工作岗位存在的危险因素、防范措施及事故应急措施，有权对本单位的安全生产工作提出建议。

第51条　从业人员有权对本单位安全生产工作中存在的问题提出批评、检举、控告，有权拒绝违章指挥和强令冒险作业。

生产经营单位不得因从业人员对本单位安全生产工作提出批评、检举、控告或者拒绝违章指挥、强令冒险作业而降低其工资、福利等待遇或者解除与其订立的劳动合同。

第52条　从业人员发现直接危及人身安全的紧急情况时，

有权停止作业或者在采取可能的应急措施后撤离作业场所。

生产经营单位不得因从业人员在前款紧急情况下停止作业或者采取紧急撤离措施而降低其工资、福利等待遇或者解除与其订立的劳动合同。

第53条　因生产安全事故受到损害的从业人员，除依法享有工伤保险外，依照有关民事法律尚有获得赔偿权利的，有权向本单位提出赔偿要求。

第54条　从业人员在作业过程中，应当严格遵守本单位的安全生产规章制度和操作规程，服从管理，正确佩戴和使用劳动防护用品。

第55条　从业人员应当接受安全生产教育和培训，掌握本职工作所需的安全生产知识，提高安全生产技能，增强事故预防和应急处理能力。

第56条　从业人员发现事故隐患或者其他不安全因素，应当立即向现场安全生产管理人员或者本单位负责人报告；接到报告的人员应当及时予以处理。

第57条　工会有权对建设项目的安全设施与主体工程同时设计、同时施工、同时投入生产和使用进行监督，提出意见。

工会对生产经营单位违反安全生产法律、法规，侵犯从业人员合法权益的行为，有权要求纠正；发现生产经营单位违章指挥、强令冒险作业或者发现事故隐患时，有权提出解决的建议，生产经营单位应当及时研究答复；发现危及从业人员生命安全的情况时，有权向生产经营单位建议组织从业人员撤离危险场所，生产经营单位必须立即作出处理。

工会有权依法参加事故调查，向有关部门提出处理意见，并要求追究有关人员的责任。

第58条　生产经营单位使用被派遣劳动者的，被派遣劳动者享有本法规定的从业人员的权利，并应当履行本法规定的从业人员的义务。

❸ 安全生产的监督管理

《安全生产法》规定了安全生产监督管理制度，明确企业是安全生产的责任主体，政府是安全生产的监督主体。各级人民政府和安全生产监督管理部门以及其他有关部门都负有相应的安全监督管理职责，具体如表1-2所示。

安全生产监督主体的权利与职责　　表1-2

序号	监督主体	权利与职责
1	县级以上地方各级人民政府	组织有关部门，对本行政区域内易发生重大生产安全事故的生产经营单位进行检查；发现事故隐患及时处理
2	安全生产监督管理部门	审查安全生产条件，监督检查单位执行有关安全生产的法律、法规和国家标准或行业标准的情况，进行书面记录
3	监察机关	对负有安全生产监督管理职责的部门及其工作人员履行安全生产监督管理职责实施监督
4	任何单位或者个人	对事故隐患或者安全生产违法行为，均有权向负有安全生产监督管理职责的部门报告或者举报
5	新闻、出版、广播、电视等单位	对违反安全生产法律、法规的行为进行舆论监督的权利

❹ 生产安全事故的应急救援与调查处理

第76条　国家加强生产安全事故应急能力建设，在重点行业、领域建立应急救援基地和应急救援队伍，鼓励生产经营单位和其他社会力量建立应急救援队伍，配备相应的应急救援装备和物资，提高应急救援的专业化水平。

国务院安全生产监督管理部门建立全国统一的生产安全事

故应急救援信息系统，国务院有关部门建立健全相关行业、领域的生产安全事故应急救援信息系统。

第77条　县级以上地方各级人民政府应当组织有关部门制定本行政区域内特大生产安全事故应急救援预案，建立应急救援体系。

第78条　生产经营单位应当制定本单位生产安全事故应急救援预案，与所在地县级以上地方人民政府组织制定的生产安全事故应急救援预案相衔接，并定期组织演练。

第79条　危险物品的生产、经营、储存单位以及矿山、金属冶炼、城市轨道交通运营、建筑施工单位应当建立应急救援组织；生产经营规模较小的，可以不建立应急救援组织，但应当指定兼职的应急救援人员。

危险物品的生产、经营、储存、运输单位以及矿山、金属冶炼、城市轨道交通运营、建筑施工单位应当配备必要的应急救援器材、设备和物资，并进行经常性维护、修理，保证正常运转。

第80条　生产经营单位发生生产安全事故后，事故现场有关人员应当立即报告本单位负责人。

单位负责人接到事故报告后，应当迅速采取有效措施，组织抢救，防止事故扩大，减少人员伤亡和财产损失，并按照国家有关规定立即如实报告当地负有安全生产监督管理职责的部门，不得隐瞒不报、谎报或者迟报，不得故意破坏事故现场、毁灭有关证据。

第81条　负有安全生产监督管理职责的部门接到事故报告后，应当立即按照国家有关规定上报事故情况。负有安全生产监督管理职责的部门和有关地方人民政府对事故情况不得隐瞒不报、谎报或者迟报。

第82条　有关地方人民政府和负有安全生产监督管理职责的部门的负责人接到生产安全事故报告后，应当按照生产安全事故应急救援预案的要求立即赶到事故现场，组织事故抢救。

参与事故抢救的部门和单位应当服从统一指挥，加强协同联动，采取有效的应急救援措施，并根据事故救援的需要采取警戒、疏散等措施，防止事故扩大和次生灾害的发生，减少人员伤亡和财产损失。

事故抢救过程中应当采取必要措施，避免或者减少对环境造成的危害。

任何单位和个人都应当支持、配合事故抢救，并提供一切便利条件。

第 83 条　事故调查处理应当按照科学严谨、依法依规、实事求是、注重实效的原则，及时、准确地查清事故原因，查明事故性质和责任，总结事故教训，提出整改措施，并对事故责任者提出处理意见。事故调查报告应当依法及时向社会公布。事故调查和处理的具体办法由国务院制定。

事故发生单位应当及时全面落实整改措施，负有安全生产监督管理职责的部门应当加强监督检查。

第 84 条　生产经营单位发生生产安全事故，经调查确定为责任事故的，除了应当查明事故单位的责任并依法予以追究外，还应当查明对安全生产的有关事项负有审查批准和监督职责的行政部门的责任，对有失职、渎职行为的，依照本法第 87 条的规定追究法律责任。

第 85 条　任何单位和个人不得阻挠和干涉对事故的依法调查处理。

第 86 条　县级以上地方各级人民政府安全生产监督管理部门应当定期统计分析本行政区域内发生生产安全事故的情况，并定期向社会公布。

二、中华人民共和国公路法

我国自 1998 年 1 月 1 日起开始施行中华人民共和国公路法。

该法由公路规划、公路建设、公路养护、路政管理等9章组成，其中第三章对公路建设的相关问题进行了详细界定，见中华人民共和国公路法第20～第34条。

第20条　县级以上人民政府交通主管部门应当依据职责维护公路建设秩序，加强对公路建设的监督管理。

第22条　公路建设应当按照国家规定的基本建设程序和有关规定进行。

第23条　公路建设项目应当按照国家有关规定实行法人负责制度、招标投标制度和工程监理制度。

第24条　公路建设单位应当根据公路建设工程的特点和技术要求，选择具有相应资格的勘查设计单位、施工单位和工程监理单位，并依照有关法律、法规、规章的规定和公路工程技术标准的要求，分别签订合同，明确双方的权利义务。

承担公路建设项目的可行性研究单位、勘查设计单位、施工单位和工程监理单位，必须持有国家规定的资质证书。

第25条　公路建设项目的施工，须按国务院交通主管部门的规定报请县级以上地方人民政府交通主管部门批准。

第26条　公路建设必须符合公路工程技术标准。

承担公路建设项目的设计单位、施工单位和工程监理单位，应当按照国家有关规定建立健全质量保证体系，落实岗位责任制，并依照有关法律、法规、规章以及公路工程技术标准的要求和合同约定进行设计、施工和监理，保证公路工程质量。

第27条　公路建设使用土地依照有关法律、行政法规的规定办理。

公路建设应当贯彻切实保护耕地、节约用地的原则。

第28条　公路建设需要使用国有荒山、荒地或者需要在国有荒山、荒地、河滩、滩涂上挖砂、采石、取土的，依照有关法律、行政法规的规定办理后，任何单位和个人不得阻挠或者非法收取费用。

第 29 条　地方各级人民政府对公路建设依法使用土地和搬迁居民,应当给予支持和协助。

第 30 条　公路建设项目的设计和施工,应当符合依法保护环境、保护文物古迹和防止水土流失的要求。

公路规划中贯彻国防要求的公路建设项目,应当严格按照规划进行建设,以保证国防交通的需要。

第 31 条　因建设公路影响铁路、水利、电力、邮电设施和其他设施正常使用时,公路建设单位应当事先征得有关部门的同意;因公路建设对有关设施造成损坏的,公路建设单位应当按照不低于该设施原有的技术标准予以修复,或者给予相应的经济补偿。

第 32 条　改建公路时,施工单位应当在施工路段两端设置明显的施工标志、安全标志。需要车辆绕行的,应当在绕行路口设置标志;不能绕行的,必须修建临时道路,保证车辆和行人通行。

第 33 条　公路建设项目和公路修复项目竣工后,应当按照国家有关规定进行验收;未经验收或者验收不合格的,不得交付使用。

建成的公路,应当按照国务院交通主管部门的规定设置明显的标志、标线。

第 34 条　县级以上地方人民政府应当确定公路两侧边沟(截水沟、坡脚护坡道,下同)外缘起不少于 1m 的公路用地。

三、中华人民共和国突发事件应对法

❶ 适用对象和范围

第 2 条　突发事件的预防与应急准备、监测与预警、应急处置与救援、事后恢复与重建等应对活动,适用本法。

第 3 条 本法所称突发事件,是指突然发生,造成或者可能造成严重社会危害,需要采取应急处置措施予以应对的自然灾害、事故灾难、公共卫生事件和社会安全事件。

按照社会危害程度、影响范围等因素,自然灾害、事故灾难、公共卫生事件分为特别重大、重大、较大和一般四级。法律、行政法规或者国务院另有规定的,从其规定。

突发事件的分级标准由国务院或者国务院确定的部门制定。

第 4 条 国家建立统一领导、综合协调、分类管理、分级负责、属地管理为主的应急管理体制。

❷ 预防与应急准备

第 17 条 国家建立健全突发事件应急预案体系。

国务院制定国家突发事件总体应急预案,组织制定国家突发事件专项应急预案;国务院有关部门根据各自的职责和国务院相关应急预案,制定国家突发事件部门应急预案。

地方各级人民政府和县级以上地方各级人民政府有关部门根据有关法律、法规、规章、上级人民政府及其有关部门的应急预案以及本地区的实际情况,制定相应的突发事件应急预案。

应急预案制定机关应当根据实际需要和情势变化,适时修订应急预案。应急预案的制定、修订程序由国务院规定。

第 18 条 应急预案应当根据本法和其他有关法律、法规的规定,针对突发事件的性质、特点和可能造成的社会危害,具体规定突发事件应急管理工作的组织指挥体系与职责和突发事件的预防与预警机制、处置程序、应急保障措施以及事后恢复与重建措施等内容。

第 20 条 县级人民政府应当对本行政区域内容易引发自然灾害、事故灾难和公共卫生事件的危险源、危险区域进行调查、登记、风险评估,定期进行检查、监控,并责令有关单位采取安全防范措施。

第22条 所有单位应当建立健全安全管理制度,定期检查本单位各项安全防范措施的落实情况,及时消除事故隐患;掌握并及时处理本单位存在的可能引发社会安全事件的问题,防止矛盾激化和事态扩大;对本单位可能发生的突发事件和采取安全防范措施的情况,应当按照规定及时向所在地人民政府或者人民政府有关部门报告。

第23条 矿山、建筑施工单位和易燃易爆物品、危险化学品、放射性物品等危险物品的生产、经营、储运、使用单位,应当制定具体应急预案,并对生产经营场所、有危险物品的建筑物、构筑物及周边环境开展隐患排查,及时采取措施消除隐患,防止发生突发事件。

第31条 国务院和县级以上地方各级人民政府应当采取财政措施,保障突发事件应对工作所需经费。

第32条 国家建立健全应急物资储备保障制度,完善重要应急物资的监管、生产、储备、调拨和紧急配送体系。

❸ 监测与预警

第37条 国务院建立全国统一的突发事件信息系统。

县级以上地方各级人民政府应当建立或者确定本地区统一的突发事件信息系统,汇集、储存、分析、传输有关突发事件的信息,并与上级人民政府及其有关部门、下级人民政府及其有关部门、专业机构和监测网点的突发事件信息系统实现互联互通,加强跨部门、跨地区的信息交流与情报合作。

第38条 县级以上人民政府及其有关部门、专业机构应当通过多种途径收集突发事件信息。

县级人民政府应当在居民委员会、村民委员会和有关单位建立专职或者兼职信息报告员制度。

获悉突发事件信息的公民、法人或者其他组织，应当立即向所在地人民政府、有关主管部门或者指定的专业机构报告。

第39条　地方各级人民政府应当按照国家有关规定向上级人民政府报送突发事件信息。县级以上人民政府有关主管部门应当向本级人民政府相关部门通报突发事件信息。专业机构、监测网点和信息报告员应当及时向所在地人民政府及其有关主管部门报告突发事件信息。

有关单位和人员报送、报告突发事件信息，应当做到及时、客观、真实，不得迟报、谎报、瞒报、漏报。

第40条　县级以上地方各级人民政府应当及时汇总分析突发事件隐患和预警信息，必要时组织相关部门、专业技术人员、专家学者进行会商，对发生突发事件的可能性及其可能造成的影响进行评估；认为可能发生重大或者特别重大突发事件的，应当立即向上级人民政府报告，并向上级人民政府有关部门、当地驻军和可能受到危害的毗邻或者相关地区的人民政府通报。

第41条　国家建立健全突发事件监测制度。

县级以上人民政府及其有关部门应当根据自然灾害、事故灾难和公共卫生事件的种类和特点，建立健全基础信息数据库，完善监测网络，划分监测区域，确定监测点，明确监测项目，提供必要的设备、设施，配备专职或者兼职人员，对可能发生的突发事件进行监测。

第42条　国家建立健全突发事件预警制度。

可以预警的自然灾害、事故灾难和公共卫生事件的预警级别，按照突发事件发生的紧急程度、发展势态和可能造成的危害程度分为一级、二级、三级和四级，分别用红色、橙色、黄色和蓝色标示，一级为最高级别。

预警级别的划分标准由国务院或者国务院确定的部门制定。

第43条　可以预警的自然灾害、事故灾难或者公共卫生事件即将发生或者发生的可能性增大时，县级以上地方各级人民政府应当根据有关法律、行政法规和国务院规定的权限和程序，发布相应级别的警报，决定并宣布有关地区进入预警期，同时向上一级人民政府报告，必要时可以越级上报，并向当地驻军和可能受到危害的毗邻或者相关地区的人民政府通报。

第44条　发布三级、四级警报，宣布进入预警期后，县级以上地方各级人民政府应当根据即将发生的突发事件的特点和可能造成的危害，采取下列措施。

(1)启动应急预案；

(2)责令有关部门、专业机构、监测网点和负有特定职责的人员及时收集、报告有关信息，向社会公布反映突发事件信息的渠道，加强对突发事件发生、发展情况的监测、预报和预警工作；

(3)组织有关部门和机构、专业技术人员、有关专家学者，随时对突发事件信息进行分析评估，预测发生突发事件可能性的大小、影响范围和强度以及可能发生的突发事件的级别；

(4)定时向社会发布与公众有关的突发事件预测信息和分析评估结果，并对相关信息的报道工作进行管理；

(5)及时按照有关规定向社会发布可能受到突发事件危害的警告，宣传避免、减轻危害的常识，公布咨询电话。

第45条　发布一级、二级警报，宣布进入预警期后，县级以上地方各级人民政府除采取本法第44条规定的措施外，还应当针对即将发生的突发事件的特点和可能造成的危害，采取下列一项或者多项措施。

(1)责令应急救援队伍、负有特定职责的人员进入待命状态，并动员后备人员做好参加应急救援和处置工作的准备；

(2)调集应急救援所需物资、设备、工具，准备应急设施和避难场所，并确保其处于良好状态、随时可以投入正常使用；

(3)加强对重点单位、重要部位和重要基础设施的安全保卫，

维护社会治安秩序；

（4）采取必要措施，确保交通、通信、供水、排水、供电、供气、供热等公共设施的安全和正常运行；

（5）及时向社会发布有关采取特定措施避免或者减轻危害的建议、劝告；

（6）转移、疏散或者撤离易受突发事件危害的人员并予以妥善安置，转移重要财产；

（7）关闭或者限制使用易受突发事件危害的场所，控制或者限制容易导致危害扩大的公共场所的活动；

（8）法律、法规、规章规定的其他必要的防范性、保护性措施。

❹ 应急处置与救援

第49条　自然灾害、事故灾难或者公共卫生事件发生后，履行统一领导职责的人民政府可以采取下列一项或者多项应急处置措施。

（1）组织营救和救治受害人员，疏散、撤离并妥善安置受到威胁的人员以及采取其他救助措施；

（2）迅速控制危险源，标明危险区域，封锁危险场所，划定警戒区，实行交通管制以及其他控制措施；

（3）立即抢修被损坏的交通、通信、供水、排水、供电、供气、供热等公共设施，向受到危害的人员提供避难场所和生活必需品，实施医疗救护和卫生防疫以及其他保障措施；

（4）禁止或者限制使用有关设备、设施，关闭或者限制使用有关场所，中止人员密集的活动或者可能导致危害扩大的生产经营活动以及采取其他保护措施；

（5）启用本级人民政府设置的财政预备费和储备的应急救援物资，必要时调用其他急需物资、设备、设施、工具；

（6）组织公民参加应急救援和处置工作，要求具有特定专长的人员提供服务；

(7)保障食品、饮用水、燃料等基本生活必需品的供应；

(8)依法从严惩处囤积居奇、哄抬物价、制假售假等扰乱市场秩序的行为，稳定市场价格，维护市场秩序；

(9)依法从严惩处哄抢财物、干扰破坏应急处置工作等扰乱社会秩序的行为，维护社会治安；

(10)采取防止发生次生、衍生事件的必要措施。

第56条 受到自然灾害危害或者发生事故灾难、公共卫生事件的单位，应当立即组织本单位应急救援队伍和工作人员营救受害人员，疏散、撤离、安置受到威胁的人员，控制危险源，标明危险区域，封锁危险场所，并采取其他防止危害扩大的必要措施，同时向所在地县级人民政府报告；对因本单位的问题引发的或者主体是本单位人员的社会安全事件，有关单位应当按照规定上报情况，并迅速派出负责人赶赴现场开展劝解、疏导工作。

突发事件发生地的其他单位应当服从人民政府发布的决定、命令，配合人民政府采取的应急处置措施，做好本单位的应急救援工作，并积极组织人员参加所在地的应急救援和处置工作。

四、建设工程安全生产管理条例

❶ 条例的适用对象和范围

第2条 在中华人民共和国境内从事建设工程的新建、扩建、改建和拆除等有关活动及实施对建设工程安全生产的监督管理，必须遵守本条例。本条例所称建设工程，是指土木工程、建筑工程、线路管道和设备安装工程及装修工程。

第4条 建设单位、勘察单位、设计单位、施工单位、工程监理单位及其他与建设工程安全生产有关的单位，必须遵守安全生产法律、法规的规定，保证建设工程安全生产，依法承担建设工程安全生产责任。

❷ 建设单位的安全责任

建设单位的安全责任主要包括：在工程概算中确定并提供安全作业环境和安全施工措施费用；不得要求勘察、设计、监理施工企业违反国家法律法规和强制性标准规定，不得任意压缩合同约定的工期；有义务向施工单位提供工程所需的有关资料，有责任将安全施工措施报送有关主管部门备案，应当将拆除工程发包给有施工资质的单位等。建设单位应建立的安全管理制度如表 1-3 所示。

建设单位安全管理制度　　表 1-3

条例中序号	安全管理制度	条例中序号	安全管理制度
第 7 条	执行法律法规与标准制度	第 10 条	保证安全施工措施的开工报告备案制度
第 7 条	履行合同约定工期制度	第 11 条	拆除工程发包制度
第 8 条	提供安全生产费用制度	第 11 条	保证安全施工措施拆除工程备案制度
第 10 条	保护安全施工措施施工许可证制度		

❸ 勘察设计单位的安全责任

勘察单位应当按照法律、法规和工程建设强制性标准进行勘察，提供的勘察文件应当真实、准确、满足建设工程安全生产的需要。在勘察作业时，应当严格执行操作规程，采取措施保证各类管线、设施和周边建筑物、构筑物的安全。

设计单位应当按照法律、法规和工程建设强制性标准进行设计，考虑施工安全操作和防护的需要，对涉及施工安全的重点部位和环节在设计文件中注明，并对防范生产安全事故提出指导意见。对采用新结构、新材料、新工艺的建设工程和特殊结构的建设工程,设计单位应当在设计中提出保障施工作业人员安全和预防生产安全事故的措施建设;同时,设计单位和注册建筑师等注册执行人员应当对其设计负责。勘察设计单位安全管理制度如表 1-4 所示。

勘察设计单位安全管理制度　　表 1-4

单　位	条例中序号	安全管理制度
勘察单位	第 12 条	勘察文件满足安全生产需要的制度
设计单位	第 13 条	执行法律法规与标准设计的制度
	第 13 条	新结构、新材料等安全措施建议的制度

❹ 施工单位的安全责任

监理单位是建设工程生产的重要保障。监理单位应审查施工组织设计中的安全技术措施或专项施工方案是否符合工程建设强制性标准,发现存在安全事故隐患时应当要求施工单位整改或暂停施工并报告建设单位。施工单位拒不整改或者不停止施工的,应当及时向有关主管部门报告。

监理单位应当按照法律、法规和工程建设强制性标准实施监理,并对建设工程安全生产承担监理责任。监理单位安全管理制度如表 1-5 所示。

监理单位安全管理制度　　表 1-5

单　位	条例中序号	安全管理制度
监理单位	第 14 条	安全技术措施审查制度
	第 14 条	专项施工方案审查制度
	第 14 条	安全隐患处理制度
	第 14 条	严重安全隐患报告制度
	第 14 条	执行法律法规与标准监理制度

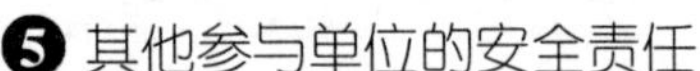

❺ 其他参与单位的安全责任

(1)提供机械设备和配件的单位:应当按照安全施工的要求确保提供设备及配件齐全,有保险、限位等安全设施和装置。

(2)出租单位:出租机械设备和施工机具及配件的单位,应当具有生产(制造)许可证、产品合格证,应当对出租的机械设备和施工机具及配件的安全性能进行检测,在签订租赁协议时,应当出具检测合格证明;禁止出租检测不合格的机械设备和施工机具及配件。

(3)拆装单位:在施工现场安装、拆卸施工起重机械和整体提升脚手架、模板等自升式架设设施,拆装单位应当编制拆装方案、制定安全施工措施,并由专业技术人员现场监督。施工起重机械和整体提升脚手架、模板等自升架设设施安装完毕后,安装单位应当自检,出具自检合格证明,并向施工单位进行安全使用说明,办理签字验收手续。

(4)检验检测单位:对检测合格的施工起重机械和整体提升脚手架、模板等自升式架设设施,应当出具安全合格证明文件,并对检测结果负责。其他参与单位安全管理制度如表1-6所示。

其他参与单位安全管理制度 表1-6

单　位	条例中序号	安全管理制度
提供机械设备单位	第15条	安全设施和装置齐全有效制度
出租单位	第16条	安全性能检测制度
拆装单位	第17条	安全技术措施制度
	第17条	现场监督制度
	第17条	自检制度
	第17条	验收移交制度
检测单位	第19条	检测结果负责制度

❻ 施工单位的安全责任

施工单位在建设工程安全生产中处于核心地方。包括施工单位主要负责人和项目负责人的安全责任、施工总承包和分包单位的安全生产责任等。

施工单位必须建立企业安全生产管理机构和配备专职安全管理人员,应当在施工前向作业班级和人员作出安全施工技术要求的详细说明,应当对因施工可能造成损害的毗邻建筑物、构筑物和地下管线采取专项防护措施,应当向作业人员提供安全防护用具和安全防护服并书面告知危险岗位操作规程。

本条例还对施工现场安全警示标志使用、作业和生活环境标准等作了明确规定,具体见第 20 ~ 38 条。

❼ 监督管理

第 39 条 国务院负责安全生产监督管理的部门依照《中华人民共和国安全生产法》的规定,对全国建设工程安全生产工作实施综合监督管理。

县级以上地方人民政府负责安全生产监督管理的部门依照《中华人民共和国安全生产法》的规定,对本行政区域内建设工程安全生产工作实施综合监督管理。

第 40 条 国务院建设行政主管部门对全国的建设工程安全生产实施监督管理。国务院铁路、交通、水利等有关部门按照国务院规定的职责分工,负责有关专业建设工程安全生产的监督管理。

县级以上地方人民政府建设行政主管部门对本行政区域内的建设工程安全生产实施监督管理。县级以上地方人民政府交通、水利等有关部门在各自的职责范围内,负责本行政区域内的专业建设工程安全生产的监督管理。

第 41 条 建设行政主管部门和其他有关部门应当将本条例第 10 条、第 11 条规定的有关资料的主要内容抄送同级负责安全生产监督管理的部门。

第42条 建设行政主管部门在审核发放施工许可证时,应当对建设工程是否有安全施工措施进行审查,对没有安全施工措施的,不得颁发施工许可证。

建设行政主管部门或者其他有关部门对建设工程是否有安全施工措施进行审查时,不得收取费用。

第43条 县级以上人民政府负有建设工程安全生产监督管理职责的部门在各自的职责范围内履行安全监督检查职责时,有权采取下列措施:

(1)要求被检查单位提供有关建设工程安全生产的文件和资料。

(2)进入被检查单位施工现场进行检查。

(3)纠正施工中违反安全生产要求的行为。

(4)对检查中发现的安全事故隐患,责令立即排除;重大安全事故隐患排除前或者排除过程中无法保证安全的,责令从危险区域内撤出作业人员或者暂时停止施工。

第44条 建设行政主管部门或者其他有关部门可以将施工现场的监督检查委托给建设工程安全监督机构具体实施。

第45条 国家对严重危及施工安全的工艺、设备、材料实行淘汰制度。具体目录由国务院建设行政主管部门会同国务院其他有关部门制定并公布。

第46条 县级以上人民政府建设行政主管部门和其他有关部门应当及时受理对建设工程生产安全事故及安全事故隐患的检举、控告和投诉。

五、公路水运工程安全生产监督管理办法

❶ 适用范围和部门职责

该办法适用于公路水运工程建设活动的安全生产行为及其

监督管理。公路水运工程安全生产监督管理实行统一监管、分级负责。交通运输部负责全国公路水运工程安全生产的监督管理工作。县级以上地方人民政府交通主管部门负责本行政区域内的公路水运工程安全生产监督管理工作，但长江干流航道工程安全生产监督管理工作由交通运输部设在长江干流的航务管理机构负责。交通运输部和县级以上地方人民政府交通主管部门，可以委托其设置的安全监督机构负责具体工作，法律、行政法规规定不能委托的事项除外。

公路水运工程安全生产监督管理部门的主要职责：

(1)宣传、贯彻、执行有关安全生产的法律、法规，按照法定权限制定公路水运工程安全生产管理规章和技术标准；

(2)依法对公路水运工程从业单位安全生产条件实施监督管理，组织施工单位的主要负责人、项目负责人、专职安全生产管理人员的考核管理工作；

(3)建立公路水运工程安全生产应急管理机制，制定重大生产安全事故应急预案；

(4)建立公路水运工程从业单位安全生产信用体系，作为交通行业信用体系建设的一部分，对从业单位和人员实施安全生产动态管理；

(5)受理公路水运工程安全生产方面的举报和投诉，依法对公路水运工程安全生产实施监督检查和相应的行政处罚；

(6)依法组织或者参与调查处理生产安全事故，按照职责权限对公路水运工程生产安全事故进行统计分析，发布公路水运工程安全生产动态信息。省级交通主管部门负责向交通部和国务院其他有关部门报送事故信息；

(7)指导下级交通主管部门开展公路水运工程安全生产监督管理工作；

(8)组织公路水运工程安全生产技术研究和先进技术推广

应用;

(9)开展公路水运工程安全生产经验交流,普及安全生产知识;

(10)法律、法规规定的其他职责。

❷ 安全生产条件

第7条　从业单位从事公路水运工程建设活动,应当具备法律、行政法规规定的安全生产条件。任何单位和个人不得降低安全生产条件。

第8条　施工单位应当取得安全生产许可证,施工单位的主要负责人、项目负责人、专项安全生产管理人员(以下简称安全生产三类人员)必须取得考核合格证书,方可参加公路水运工程投标及施工。

第10条　施工单位安全生产三类人员考核分为安全生产知识考试和安全管理能力考核两部分。考核合格的,由交通运输部或省级交通主管部门颁发《安全生产考核合格证书》。

第11条　施工单位的垂直运输机械作业人员、施工船舶作业人员、爆破作业人员、安装拆卸工、起重信号工、电工、焊工等国家规定的特种作业人员,必须按照国家规定经过专门的安全作业培训,并取得特种作业操作资格证书后,方可上岗作业。

第12条　施工单位在工程中使用施工起重机械和整体提升式脚手架、滑模爬模、架桥机等自行式架设设施前,应当组织有关单位进行验收,或者委托具有相应资质的检验检测机构进行验收,使用承租的机械设备和施工机具及配件的,由承租单位、出租单位和安装单位共同进行验收,验收合格的方可使用。验收合格后30日内,应向当地交通主管部门登记。

第13条　从业单位应当对从业人员进行安全生产教育和培训,保证从业人员具备必要的安全生产知识,熟悉有关的安全生产规章制度和安全操作规程，掌握本岗位的安全操作技能。未经安全生产教育和培训合格的从业人员，不得上岗作业。

❸ 安全责任

第 20 条　施工单位应当对施工安全生产承担责任。

施工单位主要负责人依法对本单位的安全生产工作全面负责。施工单位应当建立健全安全生产责任制度和安全生产教育培训制度及安全生产技术交底制度，制定安全生产规章制度和操作规程，保证本单位安全生产条件所需资金的投入，对所承担的公路水运工程进行定期和专项安全检查，并做好安全检查记录。

施工单位的项目负责人依法对项目的安全施工负责，落实安全生产各项制度，确保安全生产费用的有效使用，并根据工程特点组织制定安全施工措施，消除安全事故隐患，及时、如实报告生产安全事故。

本条所称安全生产技术交底制度，是指公路水运工程每项工程实施前，施工单位负责项目管理的技术人员对有关安全施工的技术要求向施工作业班组、作业人员详细说明，并由双方签字确认的制度。

第 21 条　施工单位应当设立安全生产管理机构，配备专职安全生产管理人员。施工现场应当按照每 5000 万元施工合同额配备一名的比例配备专职安全生产管理人员，不足 5000 万元的至少配备一名。

专职安全生产管理人员负责对安全生产进行现场监督检查，并做好检查记录，发现生产安全事故隐患，应当及时向项目负责人和安全生产管理机构报告；对违章指挥、违章操作和违反劳动纪律的，应当立即制止。

第 22 条　施工单位在工程报价中应当包含安全生产费用，一般不得低于投标价的 1%，且不得作为竞争性报价。

安全生产费用，应当用于施工安全防护用具及设施的采购和更新、安全施工措施的落实、安全生产条件的改善，不得挪作他用。

第23条　施工单位应当在施工组织设计中编制安全技术措施和施工现场临时用电方案，对下列危险性较大的工程应当编制专项施工方案，并附安全验算结果，经施工单位技术负责人、监理工程师审查同意签字后实施，由专职安全生产管理人员进行现场监督：

（1）不良地质条件下有潜在危险性的土方、石方开挖；

（2）滑坡和高边坡处理；

（3）桩基础、挡墙基础、深水基础及围堰工程；

（4）桥梁工程中的梁、拱、柱等构件施工等；

（5）隧道工程中的不良地质隧道、高瓦斯隧道、水底海底隧道等；

（6）水上工程中的打桩船作业、施工船作业、外海孤岛作业、边通航边施工作业等；

（7）水下工程中的水下焊接、混凝土浇筑、爆破工程等；

（8）爆破工程；

（9）大型临时工程中的大型支架、模板、便桥的架设与拆除；桥梁、码头的加固与拆除；

（10）其他危险性较大的工程。

必要时，施工单位对前款所列工程的专项施工方案，还应当组织专家进行论证、审查。

第24条　施工单位应当在施工现场出入口或者沿线各交叉口、施工起重机械、拌和场、临时用电设施、爆破物及有害危险气体和液体存放处以及孔洞口、隧道口、基坑边沿、脚手架、码头边沿、桥梁边沿等危险部位，设置明显的安全警示标志或者必要的安全防护设施。

施工单位应当根据不同施工阶段和周围环境及季节、气候的变化，在施工现场采取相应的安全施工措施。施工现场暂时停止施工的，施工单位应当做好现场防护。因施工单位安全生产隐患原因造成工程停工的，所需费用由施工单位承担，其他原因按照合同约定执行。

第25条　施工单位应当将施工现场的办公、生活区与作业区分开设置，并保持安全距离；办公、生活区的选址应当符合安全性要求。职工的膳食、饮水、休息场所、医疗救助设施等应当符合卫生标准。

施工现场临时搭建的建筑物应当符合安全使用要求。施工现场使用的装配式活动房屋应当具有生产（制造）许可证、产品合格证。

第26条　施工单位应当在施工现场建立消防安全责任制度，确定消防安全责任人，制定用火、用电、使用易燃易爆材料等各项消防管理制度和操作规程，设置消防通道，配备相应的消防设施和灭火器材。

第27条　施工单位应当向作业人员提供必需的安全防护用具和安全防护服装，书面告知危险岗位的操作规程并确保其熟悉和掌握有关内容和违章操作的危害。

作业人员有权对施工现场的作业条件、作业程序和作业方式中存在的安全问题提出批评、检举和控告，有权拒绝违章指挥和强令冒险作业。

在施工中发生可能危及人身安全的紧急情况时，作业人员有权立即停止作业或者在采取必要的应急措施后撤离危险区域。

第28条　作业人员应当遵守安全施工的工程建设强制性标准、规章制度，正确使用安全防护用具、机械设备等。

第29条　施工单位采购、租赁的安全防护用具、机械设备、施工机具及配件，应当具有生产（制造）许可证、产品合格证，并在

进入施工现场前由专职安全管理人员进行查验。

施工现场的安全防护用具、机械设备、施工机具及配件必须由专人管理，定期进行检查、维护和修理，建立相应的资料档案，并按照国家有关规定及时报废。

第 30 条　施工单位应当对管理人员和作业人员进行每年不少于两次的安全生产教育培训，其教育培训情况记入个人工作档案。

施工单位在采用新技术、新工艺、新设备、新材料时，应当对作业人员进行相应的安全生产教育培训。

新进人员和作业人员进入新的施工现场或者转入新的岗位前，施工单位应当对其进行安全生产培训考核。

未经安全生产教育培训考核或者培训考核不合格的人员，不得上岗作业。

第 31 条　施工单位应当为施工现场的人员办理意外伤害保险，意外伤害保险费应由施工单位支付。实行施工总承包的，由总承包单位支付意外伤害保险费。

第 32 条　建设工程实行施工总承包的，由总承包单位对施工现场的安全生产负总责。总承包单位依法将建设工程分包给其他单位的，分包合同中应当明确各自在安全生产方面的权利、义务。总承包单位对分包工程的安全生产承担连带责任。

分包单位应当服从总承包单位的安全生产管理，分包单位不服从管理导致生产安全事故的，由分包单位承担主要责任。

第 33 条　建设单位、施工单位应当针对本工程项目特点制定生产安全事故应急预案，定期组织演练。发生生产安全事故，施工单位应当立即向建设单位、监理单位和事故发生地的公路水运工程安全生产监督管理部门以及地方安全监督部门报告。建设单位、施工单位应当立即启动事故应急预案，组织力量抢救，保护好事故现场。

❹ 监督检查

第 34 条　公路水运工程安全生产监督管理部门在职责范围内履行安全生产监督检查职责时,有权采取下列措施:

(1)要求被检查单位提供有关安全生产的文件和资料;

(2)进入被检查单位施工现场进行检查;

(3)纠正施工中违反安全生产要求的行为,依法实施行政处罚。

第 35 条　公路水运工程安全生产监督管理部门对从业单位安全生产监督检查的内容主要有:

(1)从业单位安全生产条件的符合情况;

(2)施工单位安全生产三类人员和特种作业人员具备上岗资格情况;

(3)从业单位执行安全生产法律、法规、规章和工程建设强制性标准的情况;

(4)从业单位对安全生产管理制度、安全责任制度和各项应急预案的建立和落实情况;

(5)安全生产管理机构或者专职安全生产管理人员的设置和履行职责情况;

(6)员工的安全教育培训情况;

(7)其他应当监督检查的情况。

第 36 条　公路水运工程安全生产监督管理部门应当对公路水运工程下列施工现场的安全生产情况进行监督检查:

(1)现场驻地;

(2)施工作业点(面);

(3)危险品存放地;

(4)预制厂、半成品加工厂;

(5)非标施工设备组装厂。

公路水运工程安全生产监督管理部门对易发生生产安全事故的危险工程及施工作业环节应当进行重点监督检查。

六、特种设备作业人员监督管理办法

❶ 适用范围和部门职责

该办法是为了加强特种设备作业人员监督管理工作,规范作业人员考核发证程序,保障特种设备安全运行,根据《中华人民共和国行政许可法》《特种设备安全监察条例》和《国务院对确需保留的行政审批项目设定行政许可的决定》制定的。

锅炉、压力容器(含气瓶)、压力管道、电梯、起重机械、客运索道、大型游乐设施、场(厂)内机动车辆等特种设备的作业人员及其相关管理人员统称特种设备作业人员。

从事特种设备作业的人员应当按照本办法的规定,经考核合格取得《特种设备作业人员证》,方可从事相应的作业或者管理工作。

国家质量监督检验检疫总局(以下简称国家质检总局)负责全国特种设备作业人员的监督管理,县以上质量技术监督部门负责本辖区内的特种设备作业人员的监督管理。

申请《特种设备作业人员证》的人员,应当首先向发证部门指定的特种设备作业人员考试机构(以下简称考试机构)报名参加考试;经考试合格,凭考试结果和相关材料向发证部门申请审核、发证。

特种设备生产、使用单位(以下统称用人单位)应当聘(雇)用取得《特种设备作业人员证》的人员从事相关管理和作业工作,并对作业人员进行严格管理。

特种设备作业人员应当持证上岗,按章操作,发现隐患及时处置或者报告。

❷ 考试和审核发证程序

特种设备作业人员考试和审核发证程序包括:考试报名、考试、领证申请、受理、审核、发证。

申请《特种设备作业人员证》的人员应当符合下列条件:

(1)年龄在18周岁以上;

(2)身体健康并满足申请从事的作业种类对身体的特殊要求;

(3)有与申请作业种类相适应的文化程度;

(4)有与申请作业种类相适应的工作经历;

(5)具有相应的安全技术知识与技能;

(6)符合安全技术规范规定的其他要求。

作业人员的具体条件应当按照相关安全技术规范的规定执行。

用人单位应当加强作业人员安全教育和培训,保证特种设备作业人员具备必要的特种设备安全作业知识、作业技能和及时进行知识更新。没有培训能力的,可以委托发证部门组织进行培训。

作业人员培训的内容按照国家质检总局制定的相关作业人员培训考核大纲等安全技术规范执行。

考试合格的人员,凭考试结果通知单和其他相关证明材料,向发证部门申请办理《特种设备作业人员证》。

❸ 证书使用及监督管理

持有《特种设备作业人员证》的人员,必须经用人单位的法定代表人(负责人)或者其授权人雇(聘)用后,方可在许可的项目范围内作业。

用人单位应当加强对特种设备作业现场和作业人员的管理,

履行下列义务：

(1)制订特种设备操作规程和有关安全管理制度；

(2)聘用持证作业人员，并建立特种设备作业人员管理档案；

(3)对作业人员进行安全教育和培训；

(4)确保持证上岗和按章操作；

(5)提供必要的安全作业条件；

(6)其他规定的义务。

特种设备作业人员应当遵守以下规定：

(1)作业时随身携带证件，并自觉接受用人单位的安全管理和质量技术监督部门的监督检查；

(2)积极参加特种设备安全教育和安全技术培训；

(3)严格执行特种设备操作规程和有关安全规章制度；

(4)拒绝违章指挥；

(5)发现事故隐患或者不安全因素应当立即向现场管理人员和单位有关负责人报告；

(6)其他有关规定。

《特种设备作业人员证》每2年复审一次。持证人员应当在复审期满3个月前，向发证部门提出复审申请。复审合格的，由发证部门在证书正本上签章。对在2年内无违规、违法等不良记录，并按时参加安全培训的，应当按照有关安全技术规范的规定延长复审期限。

复审不合格的应当重新参加考试。逾期未申请复审或考试不合格的，其《特种设备作业人员证》予以注销。

跨地区从业的特种设备作业人员，可以向从业所在地的发证部门申请复审。

任何单位和个人不得非法印制、伪造、涂改、倒卖、出租或者出借《特种设备作业人员证》。

❹ 罚则

第30条　有下列情形之一的，应当吊销《特种设备作业人员证》：

(1)持证作业人员以考试作弊或者以其他欺骗方式取得《特种设备作业人员证》的；

(2)持证作业人员违章操作或者管理造成特种设备事故的；

(3)持证作业人员发现事故隐患或者其他不安全因素未立即报告造成特种设备事故的；

(4)持证作业人员逾期不申请复审或者复审不合格且不参加考试的；

(5)考试机构或者发证部门工作人员滥用职权、玩忽职守、违反法定程序或者超越发证范围考核发证的。

违反前款第(1)、(2)、(3)、(4)项规定的，持证人3年内不得再次申请《特种设备作业人员证》；违反前款第(2)、(3)项规定，造成特大事故的，终身不得申请《特种设备作业人员证》。

有下列情形之一的，责令用人单位改正，并处1000元以上3万元以下罚款：

(1)违章指挥特种设备作业的；

(2)作业人员违反特种设备的操作规程和有关的安全规章制度操作，或者在作业过程中发现事故隐患或者其他不安全因素未立即向现场管理人员和单位有关负责人报告，用人单位未给予批评教育或者处分的。

非法印制、伪造、涂改、倒卖、出租、出借《特种设备作业人员证》，或者使用非法印制、伪造、涂改、倒卖、出租、出借《特种设备作业人员证》的，处1000元以下罚款；构成犯罪的，依法追究刑事责任。

作业人员未取得《特种设备作业人员证》上岗作业，或者用人单位未对特种设备作业人员进行安全教育和培训的，按照《特种设备安全监察条例》第 77 条的规定对用人单位予以处罚。

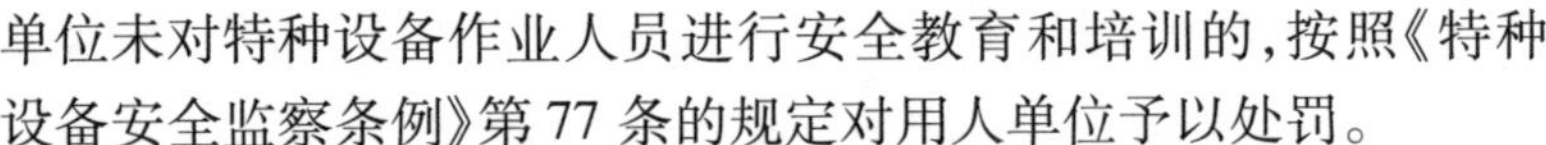

七、生产安全事故报告和调查处理条例

2007 年 3 月 28 日国务院常务会议通过了《生产安全事故报告和调查处理条例》。

❶ 生产安全事故等级划分

该条例第 3 条规定，根据生产安全事故（以下简称事故）造成的人员伤亡或者直接经济损失，事故一般分为以下等级：

（1）特别重大事故，是指造成 30 人以上死亡，或者 100 人以上重伤（包括急性工业中毒，下同），或者 1 亿元以上直接经济损失的事故；

（2）重大事故，是指造成 10 人以上 30 人以下死亡，或者 50 人以上 100 人以下重伤，或者 5000 万元以上 1 亿元以下直接经济损失的事故；

（3）较大事故，是指造成 3 人以上 10 人以下死亡，或者 10 人以上 50 人以下重伤，或者 1000 万元以上 5000 万元以下直接经济损失的事故；

（4）一般事故，是指造成 3 人以下死亡，或者 10 人以下重伤，或者 1000 万元以下直接经济损失的事故。

本条第一款所称的“以上”包括本数，所称的“以下”不包括本数。

❷ 事故报告扯程序

条例从第 9 ~ 第 18 条对事故报告的内容、程序，相关的部门职责做出了详细规定，具体如下。

第 9 条　事故发生后，事故现场有关人员应当立即向本单位负责人报告;单位负责人接到报告后,应当于1h内向事故发生地县级以上人民政府安全生产监督管理部门和负有安全生产监督管理职责的有关部门报告。

情况紧急时,事故现场有关人员可以直接向事故发生地县级以上人民政府安全生产监督管理部门和负有安全生产监督管理职责的有关部门报告。

第10条　安全生产监督管理部门和负有安全生产监督管理职责的有关部门接到事故报告后,应当依照下列规定上报事故情况,并通知公安机关、劳动保障行政部门、工会和人民检察院:

(1)特别重大事故、重大事故逐级上报至国务院安全生产监督管理部门和负有安全生产监督管理职责的有关部门;

(2)较大事故逐级上报至省、自治区、直辖市人民政府安全生产监督管理部门和负有安全生产监督管理职责的有关部门;

(3)一般事故上报至设区的市级人民政府安全生产监督管理部门和负有安全生产监督管理职责的有关部门。

安全生产监督管理部门和负有安全生产监督管理职责的有关部门依照前款规定上报事故情况,应当同时报告本级人民政府。国务院安全生产监督管理部门和负有安全生产监督管理职责的有关部门以及省级人民政府接到发生特别重大事故、重大事故的报告后,应当立即报告国务院。

必要时,安全生产监督管理部门和负有安全生产监督管理职责的有关部门可以越级上报事故情况。

第11条　安全生产监督管理部门和负有安全生产监督管理职责的有关部门逐级上报事故情况,每级上报的时间不得超过2h。

第12条　报告事故应当包括下列内容:

(1)事故发生单位概况;

(2)事故发生的时间、地点以及事故现场情况;

(3)事故的简要经过;

(4)事故已经造成或者可能造成的伤亡人数(包括下落不明的人数)和初步估计的直接经济损失;

(5)已经采取的措施;

(6)其他应当报告的情况。

第13条　事故报告后出现新情况的,应当及时补报。

自事故发生之日起30日内,事故造成的伤亡人数发生变化的,应当及时补报。道路交通事故、火灾事故自发生之日起7日内,事故造成的伤亡人数发生变化的,应当及时补报。

第14条　事故发生单位负责人接到事故报告后,应当立即启动事故相应应急预案,或者采取有效措施,组织抢救,防止事故扩大,减少人员伤亡和财产损失。

第15条　事故发生地有关地方人民政府、安全生产监督管理部门和负有安全生产监督管理职责的有关部门接到事故报告后,其负责人应当立即赶赴事故现场,组织事故救援。

第16条　事故发生后,有关单位和人员应当妥善保护事故现场以及相关证据,任何单位和个人不得破坏事故现场、毁灭相关证据。

因抢救人员、防止事故扩大以及疏通交通等原因,需要移动事故现场物件的,应当做出标志,绘制现场简图并做出书面记录,妥善保存现场重要痕迹、物证。

第17条　事故发生地公安机关根据事故的情况,对涉嫌犯罪的,应当依法立案侦查,采取强制措施和侦查措施。犯罪嫌疑人逃匿的,公安机关应当迅速追捕归案。

第18条　安全生产监督管理部门和负有安全生产监督管理职责的有关部门应当建立值班制度,并向社会公布值班电话,受理事故报告和举报。

❸ 事故调查

条例规定特别重大事故由国务院或者国务院授权有关部门组织事故调查组进行调查。重大事故、较大事故、一般事故分别由事故发生地省级人民政府、设区的市级人民政府、县级人民政府负责调查。省级人民政府、设区的市级人民政府、县级人民政府可以直接组织事故调查组进行调查，也可以授权或者委托有关部门组织事故调查组进行调查。

未造成人员伤亡的一般事故，县级人民政府也可以委托事故发生单位组织事故调查组进行调查。

特别重大事故以下等级事故，事故发生地与事故发生单位不在同一个县级以上行政区域的，由事故发生地人民政府负责调查，事故发生单位所在地人民政府应当派人参加。

第25条　事故调查组履行下列职责：

(1)查明事故发生的经过、原因、人员伤亡情况及直接经济损失；

(2)认定事故的性质和事故责任；

(3)提出对事故责任者的处理建议；

(4)总结事故教训，提出防范和整改措施；

(5)提交事故调查报告。

第29条　事故调查组应当自事故发生之日起60日内提交事故调查报告；特殊情况下，经负责事故调查的人民政府批准，提交事故调查报告的期限可以适当延长，但延长的期限最长不超过60日。

第30条　事故调查报告应当包括下列内容：

(1)事故发生单位概况；

(2)事故发生经过和事故救援情况；

(3)事故造成的人员伤亡和直接经济损失；

(4)事故发生的原因和事故性质;

(5)事故责任的认定以及对事故责任者的处理建议;

(6)事故防范和整改措施。

事故调查报告应当附具有关证据材料。事故调查组成员应当在事故调查报告上签名。

第31条　事故调查报告报送负责事故调查的人民政府后,事故调查工作即告结束。事故调查的有关资料应当归档保存。

第二章　交通运输建筑施工工程安全生产主体责任

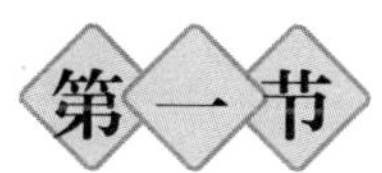

第一节　安全生产主体责任概述

2002 年 2 月国家颁布了《中华人民共和国安全生产法》(以下简称《安全生产法》),其后各省、自治区、直辖市先后出台了相应的行政性法规,形成了国家安全生产监督管理总局统筹管理全国的安全生产工作,行业管理部门具体实施本行业的安全生产监督管理,各省、自治区、直辖市负责实施,市、县、乡镇安全生产监督管理机构和行业监督管理部门负责生产车间、工程现场的监督检查的新格局,把安全生产责任制具体落实到了各级安全生产综合监督管理部门、行业职能部门以及生产经营企业。《安全生产法》明确规定,政府统一领导、部门依法监管、企业全面负责、社会监督支持是我国现行的安全生产基本体制。

安全生产监督管理是一项复杂的社会系统工程。从宏观上看,管理的主体是国家(包括代表国家行使管理职能的专门机构),管理的客体是企业(包括一切经济组织从事的生产经营活动)。在具体的监管实践中,形成了三条主要的管理路径:一条是政府的约束性(政策性)管理;一条是行业或企业的控制性(执行性)管理;一条是社会中介组织、科研院校、培训机构的支持性(服务性)管理。这三条管理路径交叉重合,相互支持,互为支撑,各自发挥着不可替代的作用。安全生产管理也从单一的行政管理

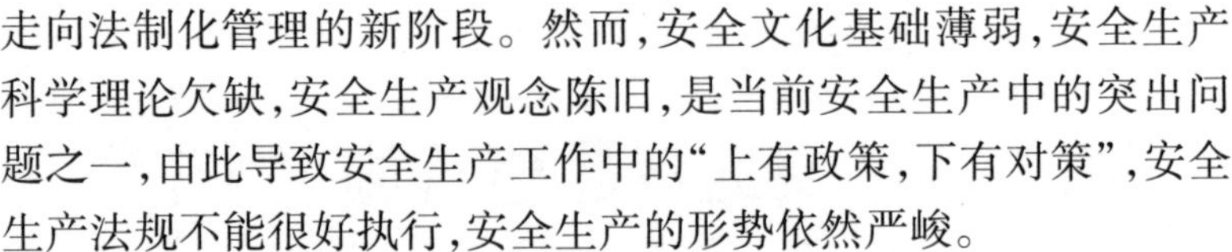

走向法制化管理的新阶段。然而,安全文化基础薄弱,安全生产科学理论欠缺,安全生产观念陈旧,是当前安全生产中的突出问题之一,由此导致安全生产工作中的“上有政策,下有对策”,安全生产法规不能很好执行,安全生产的形势依然严峻。

为强化安全生产的主体责任,本章从安全生产主体的经济博弈、主体安全生产责任角度,探讨政府监督管理各类企业安全生产条件理论和方法。

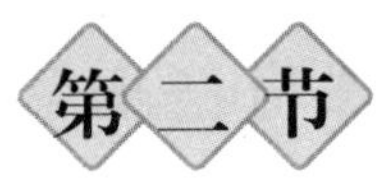

第二节 工程建设安全生产主体及其责任

一、交通运输工程建设安全生产主体

交通运输工程建设安全生产的主体包括:各级安全生产监督管理部门、各级交通运输管理部门、施工企业、建设单位、监理单位等。

❶ 各级安全生产监督管理部门

国家安全生产监督管理总局对全国的安全生产行使国家监察职权和全国安全生产综合管理权,对国务院各部门行使协调、监督检查职能。国家安全生产监督管理总局的主要职能包括:起草安全生产方面的综合性法律草案和行政法规;综合管理全国安全生产工作,分析和预测全国安全生产形势,拟定全国安全生产工作规划,依法行使国家安全生产监督管理职权;发布全国安全生产信息,综合管理全国伤亡事故统计工作,组织、协调重大、特大事故的调查处理,受国务院委托对特大事故调查报告进行批复等。

国家监察一般分为一般性监察、专项监察和事故监察三种形式。一般性监察是指对企事业单位进行的经常普遍的监察，监察范围包括贯彻执行国家政策、法规，推广安全科学技术与卫生等各个方面，监察的时间、内容、方式根据实际需要确定。专项监察是对安全工作中的某些关键或危险环节实行的专门监察，检查对象、范围比较确定，监察工作专业性强、技术要求高，监察的时间、项目确定。事故监察是指对职工伤亡事故的报告、等级、统计、调查和处理的监察。

❷ 各级交通运输管理部门

交通运输部是交通运输建筑工程安全管理的最高行政机构，县级以上人民政府交通行政主管部门分级负责本辖区内的交通运输建筑工程安全生产管理。交通运输建筑工程安全监督归口于交通运输部基本建设工程质量监督总站管理。针对交通运输建筑工程企业的安全生产，质监总站颁布了《公路水运工程安全生产监督管理办法》。其中规定，监督管理办法主要依据是交通运输部质监总站、省级交通厅质监站出台的公路工程安全监督管理办法和措施，各级政府和交通主管部门出台的安全管理文件。有关法律、法规、规程、标准、办法和上级文件是监督检查的主要依据，具有法律权威性，各级质量监督人员应全面学习和掌握，保证交通运输建筑工程安全监督工作依法进行，做到严格执法。

❸ 施工企业

企业是生产的主体，所以安全生产的重心在企业，要以企业为主。企业要负责在生产过程中为劳动者提供健康、安全的生活环境和工作条件。

安全生产作为企业经营管理的重要组成部分，发挥着极大的保障作用，不能将安全生产与企业效益对立起来。具体地说，企业应自觉贯彻“安全第一，预防为主”的方针，必须遵守安全生产的法律、法规和标准，根据国家有关规定，制定本企业安全生产规章制度；必须设置安全机构，配备安全管理人员对安全工作进行有效管理；必须提供符合国家安全生产要求的工作场所、生产设施，加强有毒有害、易燃易爆等危险品的管理；必须对特种作业人员持证上岗、身体条件等进行安全资格检查，并设置专职安全员、兼职安全员来实施日常安全管理工作。

由于工程建设过程主要实体工程活动由施工企业负责实施，所以对于工程建设行业，“企业负责”意味着建设工程的安全生产和管理主要与建设施工方有关，安全风险是施工方的直接承担者之一。

❹ 建设单位

对于某项建设工程，建设单位是该工程项目总的生产经营者，根据安全生产法，建设单位应对该工程的最终质量和使用安全负责，当然也应对该工程项目在工程建设期间的生产安全负责。

建设工程是根据建设单位要求，在特定的地点、特定的环境条件下实施的，环境条件恶劣会增加勘察设计和施工难度，会增加为保证工程质量和施工安全的措施，由此增加的投入应计入成本，由建设单位承担。真实、准确、完整地提供该工程必要的环境资料，提供安全作业环境，同意支付施工安全措施的费用，是建设单位对该工程的安全生产应负的义务。

❺ 监理单位

监理单位应当按照法律、法规和工程建设强制性标准及监理委托合同实施监理，对所监理工程的施工安全生产进行监督检查。

在施工准备阶段，监理单位审查核验施工单位提交的有关技术文件及资料，并由项目总监在有关技术文件报审表上签署意见;审查未通过的安全技术措施及专项施工方案不得实施。

在施工阶段,监理单位应对施工现场安全生产情况进行巡视检查,对发现的各类安全事故隐患,应书面通知施工单位,并督促其立即整改;情况严重的,监理单位应及时下达工程暂停令,要求施工单位停工整改,并同时报告建设单位。安全事故隐患消除后,监理单位应检查整改结果,签署复查或复工意见。施工单位拒不整改或不停工整改的,监理单位应当及时向工程所在地建设行政主管部门或工程项目的行业主管部门报告,电话形式报告的,应当有通话记录,并及时补充书面报告。检查、整改、复查、报告等情况应记载在监理日志、监理月报中。监理单位应核查施工单位提交的施工起重机械、整体提升脚手架、模板等自升式架设设施和安全设施等的验收记录,并由安全监理人员签收备案。

工程竣工后,监理单位应将有关安全生产的技术文件、验收记录、监理规划、监理实施细则、监理月报、监理会议纪要及相关书面通知等资料按规定立卷归档。

二、各主体的安全生产责任

国家安全生产法法规,明确规定了交通运输建筑工程相关主体的安全生产责任。

❶ 各级安全生产监督管理部门

《安全生产法》第 9 条规定:国务院负责安全生产监督管理的部门依照本法,对全国安全生产工作实施综合监督管理;县级以上地方各级人民政府负责安全生产监督管理的部门依照本法,对本行政区域内安全生产工作实施综合监督管理。对安全生产负有监督管理职责的部门依照有关法律、法规的规定,对涉及安全

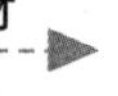

生产的事项需要审查批准或者验收的,必须严格依照有关法律、法规和国家标准或者行业标准规定的安全生产条件和程序进行审查;对未依法取得批准或者验收合格的单位擅自从事有关活动的,应当撤销原批准(第54条)。负有安全生产监督管理职责的部门对涉及安全生产的事项进行审查、验收,不得收取费用;不得要求接受审查、验收的单位购买其指定品牌或者指定生产、销售单位的安全设备、器材或者其他产品(第55条)。负有安全生产监督管理职责的部门依法对生产经营单位执行有关安全生产的法律、法规和国家标准或者行业标准的情况进行监督检查,行使以下职权(第56条):

(1)进入生产经营单位进行检查,调阅有关资料,向有关单位和人员了解情况。

(2)对检查中发现的安全生产违法行为,当场予以纠正或者要求限期改正;对依法应当给予行政处罚的行为,依照本法和其他有关法律、行政法规的规定作出行政处罚决定。

(3)对检查中发现的事故隐患,应当责令立即排除;重大事故隐患排除前或者排除过程中无法保证安全的,应当责令从危险区域内撤出作业人员,责令暂时停产停业或者停止使用;重大事故隐患排除后,经审查同意,方可恢复生产经营和使用。

(4)对有根据认为不符合保障安全生产的国家标准或者行业标准的设施、设备、器材予以查封或者扣押,并应当在15日内依法作出处理决定。

监督检查不得影响被检查单位的正常生产经营活动。

《建设工程安全生产管理条例》第34条规定:国务院建设行政主管部门对全国的建设工程安全生产实施监督管理。国务院铁路、交通、水利等有关部门按照国务院规定的职责分工,负责有关专业建设工程安全生产的监督管理。

交通运输主管部门负责全国交通工程建设安全生产的管理,

并依法接受国家安全生产监督总局对建筑安全生产的指导和监督。县级以上地方人民政府交通主管部门负责本行政区域内的公路水运工程安全生产监督管理工作,但长江干流航道工程安全生产监督管理工作由交通运输部设在长江干流的航务管理机构负责。

《公路建设监督管理办法》第24条规定:政府交通运输主管部门应加强对公路建设项目法人和从业单位安全生产管理机构、规章制度、安全生产责任制落实情况的监督检查。

《公路水运工程安全生产监督管理办法》规定:公路水运工程安全生产监督管理部门在其职责范围内履行安全生产监督检查取责,纠正施工中违反安全生产要求的行为,依法实施行政处罚(第34条)。对易发生生产安全事故的危险工程及施工作业环节应当进行重点监督检查(第36条)。对监督检查中发现的安全问题,应当作出如下处理(第37条):

(1)从业单位存在安全管理问题需要整改的,以书面方式通知存在问题单位,限期整改。

(2)从业单位存在严重安全事故隐患的,责令立即排除。

(3)重大安全事故隐患在排除前或者在排除过程中无法保证安全的,责令其从危险区域内撤出作业人员或者暂时停止施工。

(4)建设单位违反安全管理规定造成重大生产安全事故的,对全部或者部分使用国有资金的建设项目,暂停资金拨付。

(5)建设单位未列建设工程安全生产费用的,责令其限期改正并不得办理监督手续;逾期未改正的,责令该建设工程停止施工并通报批评。

被检查单位应当立即落实处理决定,并将整改结果书面报检查单位。责令停工的,应当经复查合格后,方可复工。

❷ 施工企业

《中华人民共和国建筑法》规定:施工现场安全由施工企业负

责(第45条)。根据《建筑法》对安全生产责任的规定,施工企业要对安全生产全面负责。

承包单位作为建设工程的生产经营单位,依照《安全生产法》中的相关规定,应该全面地对建设项目实施过程中的现场安全承担责任。

《建设工程安全生产管理条例》规定:施工单位主要负责人依法对本单位的安全生产工作全面负责。……施工单位的项目负责人……对建设工程项目的安全施工负责(第21条)。建设工程实行施工总承包的,由总承包单位对施工现场的安全生产负总责(第24条)。

《公路水运工程安全生产监督管理办法》规定:施工单位应当对施工安全生产承担责任(第20条)。施工单位应当设立安全生产管理机构,配备专职安全生产管理人员(第21条)。施工单位在工程报价中应当包含安全生产费用,其一般不得低于投标价的1%,且不得作为竞争性报价(第22条)。

按照我国安全生产法规以及国际权威合同范本规定,施工企业应当对安全生产全面负责,是安全生产的第一责任人。

❸ 建设单位

关于建设单位的安全责任,《建设工程安全生产管理条例》规定:建设单位不得对勘察、设计、施工、工程监理等单位提出不符合建设工程安全生产法律、法规和强制性标准规定的要求,不得压缩合同约定的工期(第7条)。建设单位在编制工程概算时,应当确定建设工程安全作业环境及安全施工措施所需费用(第8条)。建设单位不得明示或者暗示施工单位购买、租赁、使用不符合安全施工要求的安全防护用具、机械设备、施工机具及配件、消防设施和器材(第9条)。

《公路水运工程安全生产监督管理办法》规定:建设单位在编

制工程招标文件时，应当确定公路水运工程项目安全作业环境及安全施工措施所需的安全生产费用。安全生产费用由建设单位根据监理工程师对工程安全生产情况的签字确认进行支付（第 14 条）。建设单位在公路水运工程施工招标文件中应当按照法律、法规的规定对施工单位的安全生产条件、安全生产信用情况、安全生产的保障措施等提出明确要求（第 15 条）。

❹ 监理单位

工程监埋企业作为社会中介服务组织，其权力、责任和义务是受业主委托而派生的。除严格按照合同约定实施工程监理外，还必须履行国家安全生产法规的规定承担安全生产责任。

《建设工程安全生产管理条例》第 14 条规定："工程监理单位应当审查施工组织设计中的安全技术措施或者专项施工方案是否符合工程建设强制性标准。工程监理单位在实施监理过程中，发现存在安全事故隐患的，应当要求施工单位整改；情况严重的，应当要求施工单位暂时停止施工，并及时报告建设单位。施工单位拒不整改或者不停止施工的，工程监理单位应当及时向有关主管部门报告。工程监理单位和监理工程师应当按照法律、法规和工程建设强制性标准实施监理，并对建设工程安全生产承担监理责任"。

《公路水运工程安全生产监督管理办法》第 18 条规定：监理单位应当按照法律、法规和工程建设强制性标准进行监理，对工程安全生产承担监理责任。应当编制安全生产监理计划，明确监理人员的岗位职责、监理内容和方法等。对危险性较大的工程应当加强巡视检查。

《建设工程监理规范》第 3.2.1 第 6 条规定：总监理工程师负责"审定承包单位提交的开工报告、施工组织设计（包括安全措施）、技术方案、进度计划"。第 6.1.2 第 3 款规定："施工出现了安全隐患，总监理工程师认为有必要停工以消除隐患”时，可签发停工令。第6.2.1中规定：“当工程变更涉及安全、环保等内容时，应按规定经有关部门审定”，最后由总监理工程师签发工程变更文件。这些规定，明确了项目监理机构以及总监理工程师应就涉及工程施工安全与永久工程安全进行控制的责任。

第三章 交通运输建筑工程安全管理基础

第一节 安全生产方针目标管理

根据《职业健康安全管理体系规范》(GB/T 28001—2001),安全目标是指组织在安全方面所要达到的目的。施工项目安全目标就是施工项目在安全方面所要达到的目的。确定安全目标是施工项目安全策划的重要内容。

一、建立目标的依据

(1)以安全法律法规和其他要求识别、确认的结果为依据。制订的安全目标不能违反安全法律法规及其他要求,这是首先必须明确的。对于违反安全法律法规及其他要求的风险应制订目标,通过采取控制措施,使风险达到符合法律法规和其他要求。

(2)以危险源辨识、风险评价的结果为依据。目标的建立应基于危险源辨识、风险评价的结果,针对需要加以消除或减少的风险,特别是不可接受风险,应考虑制订目标,然后围绕目标采取管理方案等相应的控制措施,使风险降至可接受程度。

(3)施工企业的总目标。施工项目部应根据本企业制订并分解下来的管理目标,制订出本项目部的安全管理目标。例如,施工企业分解下达的安全管理目标是死亡事故零起,重伤事故不超

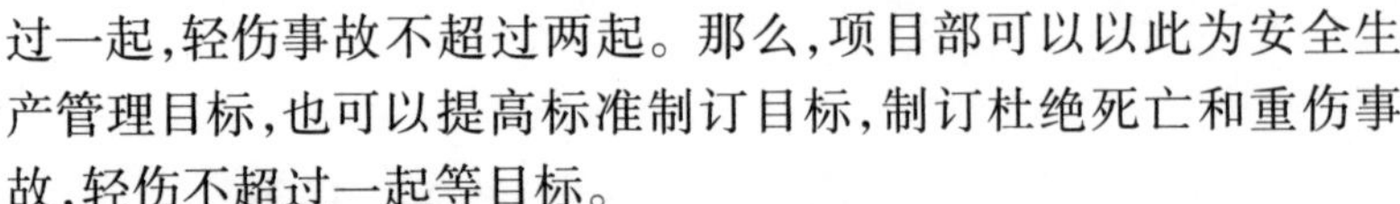

过一起，轻伤事故不超过两起。那么，项目部可以以此为安全生产管理目标，也可以提高标准制订目标，制订杜绝死亡和重伤事故，轻伤不超过一起等目标。

(4)类似施工项目的工伤事故和职业病统计分析资料与数据，包括事故、事件、不符合记录等。

(5)施工项目本身的安全工作条件和劳动条件的现状与问题。应根据自身的安全生产管理现状，以及业主和施工企业所提出的要求等因素，有针对性地制订出本项目的安全生产管理目标。

(6)施工项目本身的技术条件和经济条件。制订的目标是否有可选择的技术方案，是否能避免产生的新的危险源，使风险降低到可接受程度。同时，要考虑项目运行、财务等方面的要求，如对可接受风险可在成本效益分析的基础上决定是否需要制订目标。

二、建立目标的原则

建立目标时，应遵照以下原则：

(1)安全目标必须满足施工项目施工生产经营总目标和业主、施工企业安全总目标等要求。根据施工项目规模和实际情况，制订施工项目的安全管理目标。

(2)安全目标的制订要突出重点，应体现本项目安全生产的关键问题，集中控制重大伤亡和发生频率高、后果严重的工伤事故和职业病。分项目标要少而精，切忌把次要的、无关大局的问题列为追求目标，以免影响对关键问题的控制。对于公路工程施工项目来说，安全目标应把对触电、高处坠落、车辆伤害、机械伤害、火药爆炸、火灾等事故的预防当作重点控制对象。

(3)安全目标的制订应具有先进性和可行性。所谓先进性，是指要相对高于或不低于本施工企业的安全目标。所谓可行性，是指目标必须切合实际。在制订目标时，要结合本施工项目的经济条件和技术条件，参照类似施工项目安全统计资料和掌握的真实情况，进行全面综合分析论证，然后确定可以达到的先进目标。

三、建立目标的要求

(1)目标要尽可能予以量化。对于一些难以量化的目标，也应尽量规定具体要求。建立的“管理目标”应是一个“看得见、可以量化”的东西，而不是喊口号。每个安全目标应力求确定适当的指示参数，这些指示参数应有利于监测安全目标的实现情况。目标有绝对指标和相对指标，确定指标必须可测量。例如，创建省或市级安全标准化工地；杜绝死亡事故；杜绝车辆交通事故，消除或降低特殊意外事故事件的频次；物体打击降低到多少数量；高空坠落控制在多少损失以内等。

(2)目标应形成文件，并通过培训、会议等多种形式和渠道，向施工项目所有相关职能部门和从业人员进行传达。

(3)目标应分解。目标分解要求施工项目在项目各有关职能部门和层次建立安全目标。有关职能部门和层次是指目标所涉及的职能和层次，如施工项目的安全部门、技术部门、财务部门、设备材料部门以及工区、劳务队、班组等，分解为不同层次的子目标。安全管理目标分解要有针对性，假如项目部安全目标是死亡事故为零，项目部给工区、作业班组、操作人员分解的安全目标都是“死亡事故为零”，其考核也简单，只要“一零”到低，考核即合格。那么，该项目部的安全目标分解显得粗放，没有针对性。施工项目确立管理目标后，应根据具体施工作业活动可能产生的风险和造成的危害，分别确定安全管理目标，以确保管理目标的实现。

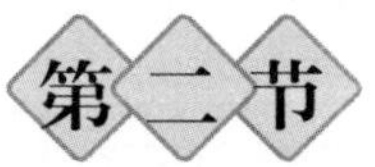 安全管理机构和人员

施工项目的安全管理必须由组织措施作为保障,否则安全管理就无从谈起。所谓组织措施包括两方面:一是建立施工项目安全组织机构;二是配置施工项目安全管理人员。

一、建立施工项目安全组织机构

❶ 设立施工项目安全管理机构

成立安全组织机构在施工项目安全管理中是一项最基本、也是最重要的工作。安全管理机构是指施工项目中专门负责安全生产监督的内设机构。施工项目应依据工程特点以及本项目的施工规模,设置具有独立职能的安全管理机构。

安全管理机构的作用是落实国家有关安全生产的法律法规和方针政策,组织项目安全检查、日常安全检查,及时整改各种事故隐患,监督安全责任落实等。

❷ 成立施工项目安全领导小组

施工项目是保障施工安全的第一线组织,应建立由项目经理任组长,主管生产、安全的项目副经理任副组长,各职能部门负责人、所属工区或劳务施工队长和兼职安全员组成的安全领导小组,用以计划和决策本项目的安全生产工作。

安全领导小组其他成员还要负责自己管辖范围内的部门或工区、班组落实安全规章制度。工区、班组负责人和兼职安全员要监督指导本工区。班组的全体作业人员执行安全规章制度,严格按安全技术操作规程进行作业。

施工项目安全领导小组的主要职责是:

(1)贯彻落实国家有关安全生产法律法规和标准。

(2)组织制订项目安全生产管理制度并监督实施。

(3)编制项目生产安全事故应急救援预案并组织演练。

(4)保证项目安全生产费用的有效使用。

(5)组织编制危险性较大工程安全专项施工方案。

(6)开展项目安全教育培训。

(7)组织实施项目安全检查和隐患排查。

(8)建立项目安全生产管理档案。

(9)及时、如实报告安全生产事故。

二、配置施工项目安全管理人员

安全管理人员是指在施工项目中从事安全管理工作的专职或兼职人员。专门从事安全管理工作的人员为专职安全管理人员。在施工项目中既承担其他工作职责,同时又承担安全管理职责的人员为兼职安全管理人员。专职安全管理人员负责组织落实安全规章制度,贯彻安全决议,检查指导各工区、班组兼职安全员的工作,处理日常工作。

施工项目应按照工程规模设置专职安全管理人员。根据《建筑施工企业安全生产管理机构设置及专职安全生产管理人员配备办法》,按照目前施工企业的一般情况,施工项目专职安全管理人员数量应保证5000万元合同价至少配备1人。具体配备原则是:

(1)5000万元以下的工程不少于1人。

(2)5000万~1亿元的工程不少于2人。

(3)1亿元及以上的工程不少于3人,按专业配备专职安全生产管理人员。

《公路水运工程安全生产监督管理办法》规定,施工现场应当按照每5000万元施工合同额配备1人的比例配备专职安全生产管理人员,不足 5000 万元的至少配备 1 人。

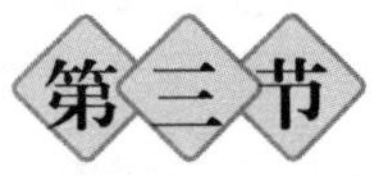

第三节 安全管理规章制度

施工项目安全规章制度是施工项目贯彻国家有关安全生产法律法规、国家和行业标准以及国家安全生产方针政策的行动指南,是施工项目有效控制施工生产过程风险、保障施工从业人员安全健康、加强和规范施工项目安全管理的重要措施。本节简要介绍施工项目安全规章制度的概念和内容。

一、施工项目安全规章制度概述

规章制度是指国家机关、社会团体、企事业单位,为了维护正常的工作、劳动、学习和生活秩序,保证国家各项政策的顺利执行和各项工作的正常开展,依照法律、法令、政策而制订的各种行政法规、章程、制度、公约的总称。规章制度具有法规性或指导性与约束力。

施工项目的安全规章制度是施工项目根据国家有关法律法规、国家和行业标准和施工企业安全规章制度,结合施工项目的安全生产实际,以施工项目名义制订实施的有关施工安全管理的规范性文件。

施工项目安全规章制度包括管理性安全规章制度和技术性安全规章制度。

二、施工项目安全规章制度的内容

❶ 施工项目管理性安全规章制度

顾名思义,施工项目管理性安全规章制度就是施工项目为了加强安全管理而制订的规范性文件。这里主要指施工项目的安全管理制度。施工项目安全管理制度的内容主要包括：

（1）安全生产责任制度（应包括施工项目职能部门、各层次管理人员及各施工岗位的安全职责等内容）。

（2）安全会议制度（应包括会议的时间、形式、内容等）。

（3）安全教育培训制度（应包括安全教育培训的实施机构，安全教育培训的时间、形式、内容、对象等）。

（4）安全检查制度（应包括安全检查的内容、形式、重点等）。

（5）安全奖惩制度（应包括安全奖惩的原则，奖惩的种类、额度等内容）。

（6）安全隐患排查和治理制度（应包括隐患排查的范围、周期、人员、处置程序和跟踪管理等内容）。

（7）安全台账管理制度（应包括安全台账的种类、要求等内容）。

（8）安全技术交底制度（应包括安全技术交底的要求、方法等内容）。

（9）安全资金保障制度（应包括安全资金来源，安全资金的使用范围，安全资金使用要求等内容）。

（10）安全事故报告处理制度（应包括事故分类，事故的报告、调查、处理程序等内容）。

（11）设备安全管理制度（应包括设备的进场验收，设备的使用、维护、修理，设备管理台账要求等内容）。

（12）危险物品使用管理制度（应包括施工现场存在的危险物品的名称、种类，使用和管理的程序、手续，紧急处置措施等内容）。

（13）消防安全管理制度（应包括消防安全管理的原则、机构、日常管理、现场应急处置原则、程序；消防设施、器材的配置、维护保养、定期试验；定期防火检查、防火演练等）。

（14）车辆交通安全管理制度（应包括车辆的维护、车辆驾驶员的学习培训、车辆管理的要求等内容)。

(15)劳动安全防护用品发放使用和管理制度(应包括劳动防护用品的种类、适用范围、发放程序和要求等内容)。

(16)施工现场安全文明施工管理制度(应包括施工现场的文明施工、环境卫生以及现场管理要求等内容)。

(17)施工现场危险告知制度(应包括施工现场告知的形式、内容、要求等事项)。

(18)专项施工方案审查制度(应包括专项施工方案的审查程序和要求等内容)。

❷ 施工项目技术性安全规章制度

施工项目技术性安全规章制度,又称安全技术操作规程,也称作业指导书,是施工项目根据施工实际情况所制订的一种具体规章制度,是对施工操作具体技术要求和实施程序所作的规定,用于指导施工生产人员安全操作的行为规范。施工项目技术性安全规章制度主要包括施工机械(设备)安全技术操作规程、工种安全技术操作规程。

第四节 安全投入

所谓施工安全投入,从广义上讲,就是为了施工生产的顺利进行,使参与施工生产过程中的人员、机械、设施、环境等有一定的安全保障功能所做的一切人力、物力、财力、时间和空间的投入。从狭义上讲,就是指按照有关规定和施工安全标准,用于施工安全防护用具及设施的采购和更新、安全施工措施的落实、安全生产条件的改善、加强安全生产管理等所需的费用。简单地说,是为保障施工安全,施工项目对安全费用的投入。实现施工安全的基本物质条件是要保证必要的安全投入。必要的安全投入是施工项目减少事故、降低项目施工生产成本、保障施工项目安全生产的重要条件。

一、安全费用投入的必要性

目前,国家在法律法规上对建设工程施工安全费用的投入有明确规定,这种规定是具有国家强制性的,必须保证安全投入。

《建设工程安全生产管理条例》第21条明确规定:“施工单位的项目负责人应当由取得相应执业资格的人员担任,对建设工程项目的安全施工负责,落实安全生产责任制度、安全生产规章制度和操作规程,确保安全生产费用的有效使用,并根据工程的特点组织制订安全施工措施,消除安全事故隐患,及时、如实报告生产安全事故。”

《公路水运工程安全生产监督管理办法》第20条规定:“施工单位应当建立健全安全生产责任制度、安全生产教育培训制度以及安全生产技术交底制度,制订安全生产规章制度和操作规程,保证本单位安全生产条件所需资金的投入。”“施工单位的项目负责人依法对项目的安全施工负责,落实安全生产各项制度,确保安全生产费用的有效使用,并根据工程特点组织制订安全施工措施,消除安全事故隐患,及时、如实报告生产安全事故。”

二、安全费用投入的使用范围

施工项目安全费用投入的使用范围主要包括以下方面:

(1)完善、改造和维护安全防护设施设备支出(不含“三同时”要求初期投入的安全设施),包括施工现场临时用电系统、洞口、临边、机械设备、高处作业防护、交叉作业防护、防火、防爆、防尘、防毒、防雷、防台风、防地质灾害、地下工程有害气体监测、通

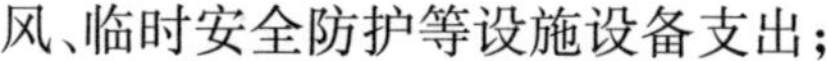
风、临时安全防护等设施设备支出;

(2)配备、维护应急救援器材、设备支出和应急演练支出;

(3)开展重大危险源和事故隐患评估、监控和整改支出;

(4)安全生产检查、评价(不包括新建、改建、扩建项目安全评价)、咨询和标准化建设支出;

(5)配备和更新现场作业人员安全防护用品支出;

(6)安全生产宣传、教育、培训支出;

(7)安全生产适用的新技术、新标准、新工艺、新装备的推广应用支出;

(8)安全设施及特种设备检测检验支出;

(9)其他与安全生产直接相关的支出。

三、安全费用投入的实施要求

(1)交通建筑施工项目安全生产费用提取标准不得低于工程造价的1.5%。安全生产费用,应当用于施工安全防护用具及设施的采购和更新、安全施工措施的落实、安全生产条件的改善,不得挪作他用。

(2)编制安全经费投入计划。施工项目一定要根据自己的工作特点和具体情况,立足长远,着手当前,区分轻、重、缓、急,进行有序安排。施工项目应编制年度安全费用投入计划(项目施工期限跨年度)和安全费用投入计划(项目施工期限单个年度内)。同时,应编报当月投入使用的安全生产费用使用报表及下个月的安全生产费用使用计划,经项目负责人签字盖章后报送监理工程师审核。

(3)施工项目必须保留安全经费投入的各种单据备查,包括安全费用投入的清单及相关票据凭证以及各种安全防护用品、消防安全用品的使用记录。安全费用投入应与财务相互对应查证。

(4)安全生产费用要足额使用,台账清楚,安全生产费用不得挪用或挤占。

(5)安全费用足额投入,是法律法规强制要求的。但不能盲目投入,要有针对性,还要考虑可能性和实效性,尽量避免没有实际效果的盲目投入,力求做到事半功倍。

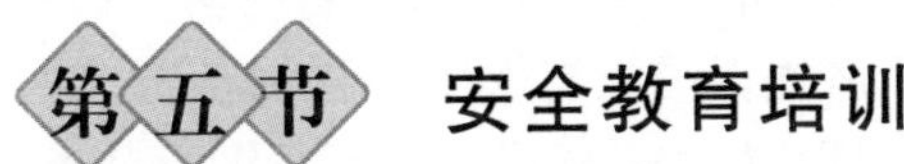

第五节　安全教育培训

安全教育培训是提高从业人员安全意识和安全素质、防止人的不安全行为、减少人为事故的重要途径。美国安全工程师海因里奇经过大量研究,认为安全事故存在着“88∶10∶2”的规律,即100起安全事故中,有88起是由纯属人的不安全行为引起的,有10起是由于物的不安全状态造成的,只有2起所谓的“天灾”是难以预防的。由此可见,要控制事故的发生,控制人的不安全行为是关键。只有加强安全教育培训,才能增强施工的安全意识,提升安全素质,有效防止人的不安全行为,从而减少事故发生,实现安全施工。

一、施工项目安全教育培训的内容

施工项目安全教育培训的内容主要包括安全思想意识教育、安全知识教育、技能教育等。

❶ 安全思想意识教育

安全思想意识教育的目的是为施工安全奠定思想基础,通常从加强安全方针、政策、法律法规和规章制度及劳动纪律等方面进行。

(1)安全方针政策教育。其目的是提高施工项目从业人员对安全生产重要性的认识,从思想上认识做好施工安全的重要意义;通过教育培训,使施工从业人员正确理解安全生产方针政策,

增强安全意识,贯彻党和国家关于安全生产的方针政策和规定。

(2)安全法制和劳动纪律教育。法律法规和规章制度及劳动纪律是施工从业人员必须遵循的规则和秩序,也是贯彻安全方针、减少事故、实现安全的重要保证。对施工从业人员进行遵纪守法教育培训,其目的是使从业人员懂得遵纪守法对实现施工安全的重要性,严格执行国家有关安全法律法规、各项规章制度和安全技术操作规程,杜绝违章指挥、违章作业及施工生产过程中出现的违法违规现象。

❷ 安全知识教育

施工从业人员必须具备安全施工的基本知识,因此,从业人员必须接受安全知识培训教育。安全知识教育的内容主要是:施工项目安全规章制度、安全技术操作规程;施工生产流程;场内运输的有关安全知识;有关设备设施的安全知识;有关施工用电的安全知识;安全生产管理措施;有毒有害、民爆物品的有关安全知识;消防管理制度及灭火器材使用的有关知识;个人安全防护用品的正确使用知识;事故应急救援措施和急救知识等。

❸ 安全技能教育培训

安全技能教育培训就是根据本专业、本工种的特点,实现安全操作、安全防护所必须具备的基本技术能力和技术知识要求。每个施工从业人员,如项目管理人员、施工技术人员、特殊工种从业人员、新从业人员,都要熟悉本工种、本岗位专业安全技术知识。安全技能知识是比较专门、细致和深入的知识,包括安全技术、劳动卫生和安全技术操作规程等。

二、施工项目安全教育培训的方式

施工项目安全教育培训可以根据各施工项目的特点,因地制

宜,采取多种形式。通常采取如下形式:

(1)培训式教育。组织安全培训班,将安全理论知识与国家安全法律法规标准、规范以及实际安全操作结合在一起进行多层次安全培训,主要以授课的方式进行。

(2)广告式教育。主要包括横幅、标语、宣传画、标识、宣传橱窗和板报等形式。

(3)会议式教育。主要包括安全例会、安全经验交流会等形式。

(4)竞赛式教育。举办安全知识竞赛,激发学安全、懂安全、会安全的积极性。

(5)出版物式教育。主要包括出版的简报、施工安全手册等。

(6)声像式教育。运用现代技术手段进行安全教育,主要包括放录像、电视教育片等。

三、施工项目安全教育培训的对象和要求

施工项目安全教育培训应具体问题具体分析,根据教育对象的不同而有针对性地进行,同时要按照国家有关规定的要求进行,以取得更好的效果。

❶ 项目管理人员和技术人员

施工项目对项目经理、项目副经理、项目总工、项目专职、兼职安全管理人员及其他管理人员和施工技术人员,要加强有关安全法律法规、标准、规范等教育培训,提高对安全工作的思想认识,提高安全意识和领导水平。

❷ 各类施工从业人员

各类施工从业人员,尤其是特种作业人员,要加强安全培训,保证从业人员具备必要的安全生产技术知识,熟悉有关的安全生产规

章制度和安全技术操作规程，掌握本岗位的安全操作技能，使自身具有较强的自我保护能力和应急情况的处置能力（图3-1）。

图3-1　项目从业人员安全培训

❸ 新进场人员

施工项目要对新进场人员（新招收的临时工、实习人员等）坚持传统的三级安全教育。

（1）施工项目安全教育培训的主要内容是：本单位施工特点、施工现场环境和可能存在的不安全因素及施工安全基本知识；本单位（包括施工、生产现场）安全规章制度、安全注意事项；本工种安全技术操作规程；高处作业、机械设备、电气安全基本知识；防火、消毒、防尘、防爆知识及紧急情况安全处置和安全疏散知识；防护用品发放标准及使用基本知识。

（2）作业队（班组）安全教育培训的主要内容是：作业队（班组）作业特点及安全技术操作规程；作业队（班组）安全活动制度及纪律；爱护和正确使用安全防护装置（设施）及个人劳动防护用品；本岗位易发生事故的不安全因素及防范对策；本岗位作业环境及使用的机械设备、工具的安全要求等。

❹ 转岗进入新岗人员

在采用新技术，使用新设备、新材料，推行新工艺之前，施工项目要加强有关人员专门的安全知识意识、技能安全教育，提高安全素质和安全意识和操作技能，遏制习惯性违章行为，增强避险能力。

四、施工项目安全教育培训的实施要求

❶ 编制施工项目安全教育培训计划

施工项目要对在整个工程期限内的培训需求进行分析，主要分析哪些人员需要培训以及什么时候进行培训等问题。根据分析，编制年度安全教育培训计划（跨年度项目）。工期在单个年度的项目要编制项目计划。安全教育培训计划包括文字和表格两种类型。不管采取哪种类型计划，一般都应包括安全教育培训的目的、培训的目标、培训的对象及人数、培训内容、培训方法、培训时间、培训地点等内容。

❷ 施工项目安全教育培训的实施管理

这一环节是落实所制订的教育培训计划的过程，也是员工正式接受教育培训的活动过程。在这一过程中要做好安全教育培训记录，包括教育培训的时间、地点、授课人、培训主题、培训内容、参加培训人员等。记录形式一般采取表格式，具体采取何种形式由施工项目自定。在实施过程中，要整理归档安全教育培训的记录和培训资料。

❸ 施工项目安全教育培训评价

安全教育培训评价的内容主要有以下四个方面：

(1)培训效果反应评价。主要通过收集学员对教育培训的赞成或不满等反应情况对培训效果作出评价。

(2)学习效果评价。培训的目的是保证从业人员具备必要的

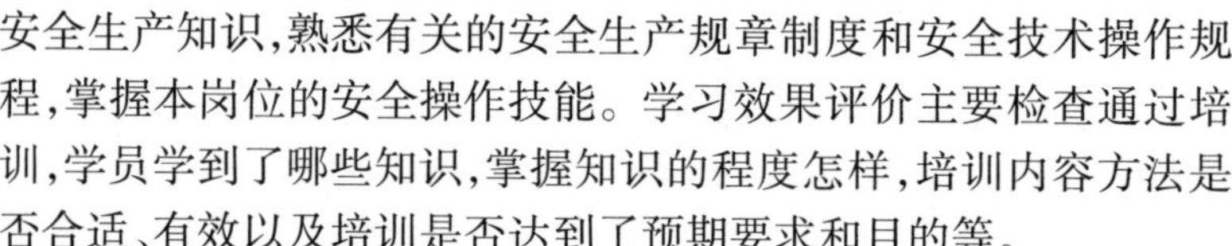

安全生产知识，熟悉有关的安全生产规章制度和安全技术操作规程，掌握本岗位的安全操作技能。学习效果评价主要检查通过培训，学员学到了哪些知识，掌握知识的程度怎样，培训内容方法是否合适、有效以及培训是否达到了预期要求和目的等。

(3)行为影响效果评价。主要衡量培训是否给受训者的行为带来了新的改变，或者说带来了哪些新的变化。评价培训的效果应看受训者在接受培训后其工作行为上发生了哪些良性的、可观察到的变化。这种变化越大，说明培训效果越好。

(4)绩效影响效果评价。主要衡量工作行为的改变将带来哪些工作绩效的变化。例如，通过培训，受训者的安全意识和安全技能提高后以及不安全行为改变后，违章次数逐步减少，所在班组安全事故率降低，事故损失大大减少等都是相应的工作绩效体现。

五、施工项目安全教育培训应注意的问题

(1)编制施工项目安全教育培训计划要注重可行性原则、重点与全面相结合原则以及针对性原则。

①可行性原则。根据施工项目实际情况，制订切实可行的计划。

②重点与全面相结合原则。在制订计划时，要保证特种作业人员、新员工、转岗换岗教育等重点人员或岗位优先进行安全教育培训。同时，要兼顾全员教育，保证施工项目所有从业人员都能及时接受最新的安全教育培训。

③针对性原则。施工项目安全教育培训计划要体现出将安全教育培训与施工项目的日常管理和施工过程有机结合，在抓好施工项目安全生产管理人员培训的基础上，把“防线前移”从源头抓起，重点对过程中暴露出来的问题对作业人员进行有针对性的安全教育培训。

（2）安全教育培训的内容要具体。安全教育培训中要杜绝蜻蜓点水，随意找几本书，念几个文件和规定，走过场的现象发生。

（3）施工项目要根据工程施工活动的进展情况，对人员进行教育培训，要贯穿整个施工过程。

（4）分析总结。对培训的效果、受训员工的收获等情况进行全面总结，为后续其他教育培训活动和下个施工项目安全教育培训活动提供借鉴和参考。

第六节　设备管理

施工设备安全管理是施工项目管理的永恒主题，是施工项目安全管理工作的重要组成部分。施工过程设备的安全直接关系到施工从业人员的生命财产安全。随着科学技术的进步和我国经济建设的迅速发展，公路工程施工机械化的程度越来越高，因此，有必要加强施工项目设备的安全管理。

一、设备安全管理的重要性

设备是公路工程施工的主要施工工具，是完成施工生产任务的重要保证。由于公路工程施工大部分是在远离城区的野外、山区，作业场地环境复杂、条件差，在一般情况下超出了机械设备本身的工作环境要求，造成施工现场机械设备的工作环境恶劣，存在大量的不安全因素和安全设备隐患，在一定程度上影响了施工设备的安全性能。公路工程施工工期一般要求紧，施工任务繁重。在工程施工过程中，为了降低施工成本、提高经济效益，加大了施工设备的使用，在一定程度上造成了机械设备的超负荷运转，有时甚至带病作业，极大地影响了机械设备的技术性能状况与使用寿命，加速了机械设备的老化。因此，必须加强施工设备

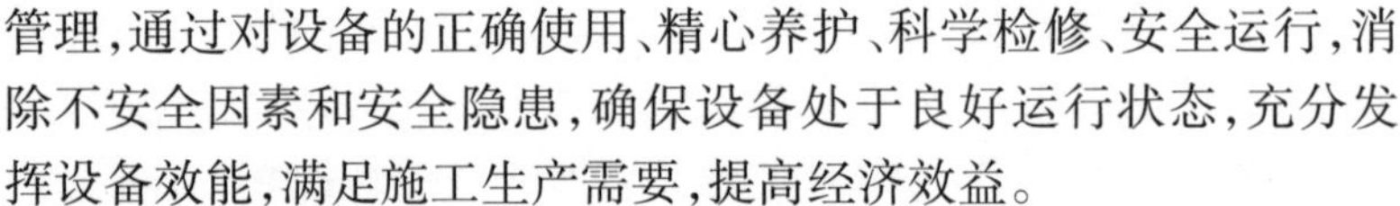

管理，通过对设备的正确使用、精心养护、科学检修、安全运行，消除不安全因素和安全隐患，确保设备处于良好运行状态，充分发挥设备效能，满足施工生产需要，提高经济效益。

二、设备安全管理的内容

设备安全管理，顾名思义，就是指对工程机械设备的采购、验收、使用、维护等环节进行管理，从而确保提供满足工程施工要求的设备。从目前施工项目的情况来看，由于设备采购，尤其是大型设备的采购由施工企业进行，施工项目的设备安全管理主要包括以下内容：

（1）设备采购。施工项目要按照国家有关法律法规规定，对自己的采购活动和行为进行控制，减少和降低风险。对于采购的中（小）型设备，施工项目要在对设备供方评审合格的基础上，签订书面采购合同，明确双方的权利和义务，确保采购的设备符合施工需要。

（2）进场验收。施工项目应对进场设备进行进场验收，以确保设备能力满足施工需要。设备进场验收的内容主要包括：设备名称、规格型号、生产厂家、出厂日期、出厂编号、设备状况、设备技术参数、特种设备检验检测情况、标志、机械人员持证情况、以前的施工情况以及进场时间等。设备使用前，进行空载运转调试和负荷运转调试，调试合格后，方可进场使用。

（3）设备使用。施工设备的使用必须按照“定人、定机”的规定执行，提高设备利用率和作业效率。设备操作人员按操作规程使用设备，并及时、准确、真实填写设备使用记录。

（4）设备维护、修理。项目应制订机械设备保修计划（月度）和机械设备保修计划完成情况记录（月度）。根据设备运转时间和设备维护间隔期，按使用说明书或《机械设备保养规程》的要求，对设备进行日常维护和修理，并做好记录。维护时，操作人员应根据“调整、紧固、润滑、清洁、防腐”10字作业要求，按照有关要求对设备进行维护，确保设备技术状况完好，保证设备的正常运转及安全使用。特种设备应实行强制维护制度。

(5)设备安拆。施工项目要协助有关各方做好大型设备的安装、拆卸、调运、吊装安全管理工作。

三、设备安全管理的实施要求

❶ 加强对设备供方的影响控制

合同中必须有关于安全的约束性条款或要求，同时还要对设备供方施加影响，告知供方供应活动中存在的风险和需采取的控制措施，要求其加强供应活动中的设备安全管理，确保设备安全。

❷ 建立设备管理档案

施工项目设备管理档案包括：设备台账，设备统计表，设备卡片，设备技术资料，设备使用和维护、修理记录，设备改造、安装和拆卸、调试、试运行记录。应做到账物相符，保证档案完整、准确，设备调动时，档案随机移交。

❸ 加强检验检测

工程中使用施工起重机械和整体提升式脚手架、滑模爬模、架桥机等自行式架设设施前，应组织有关单位进行验收或者委托具有相应资质的检验检测机构进行验收。使用承租的机械设备和施工机具及配件的，由承租单位、出租单位和安装单位共同进行验收，验收合格后，方可使用。

❹ 加强特种设备管理

特种设备是指涉及生命安全、危险性较大的设备，特种设备比一般性生产设备具有更大的潜在危险性。由于特种设备是属于危险性较大的设备，易发生事故造成人员伤害和重大财产损失，特种设备必须经技术检测部门检测合格并取得合格证后，才能投入使用。对未取得检测合格证的特种设备立即停止使用，并区别对待。需要继续使用的，必须立即进行检测，取得合格证后才能继续投入使用，不合格的清退出场。对那些已经超过使用期限、又无法检测合格的设备应强制报废。

施工项目要加强已经投入使用的特种设备管理，除建立相应的设备维修与检测等方面的台账记录外，在其工作的过程中，要进行设备（特别是重大、危险设备）的安全监控及动态控制。

第七节 作业管理

施工现场管理是施工项目安全管理的重要组成部分，在安全工作考核中占有很大比重，施工现场管理关系到施工项目乃至施工企业的形象。因此，施工项目抓好施工现场管理至关重要。

一、施工现场安全管理的基本要求

（1）施工现场道路应按照施工组织设计的施工平面布置图修筑，一般用焦砟、砂石子做路面，并应压实、整平，道路断面的中间起拱，道路两侧应有排水设施。办公区、生产区和生活区的道路应明显标志出边界线。

（2）施工现场内的道路、临时设施、生产生活房屋、易燃易爆仓库、料场以及动力通信线路的位置要符合防火、防洪、放风、防爆的要求。位于河流两岸的施工现场，在设置前要进行河流流量、水位和地形的调查，以保证所有的房屋、线路、设施设备的堆放地点均位于最高水位之上。

（3）易燃易爆品仓库、发电机房、变电所应采取必要的安全措施，严禁用易燃材料修建。炸药库应设置在便于安全运输、存取且人员稀少的地方，符合国家有关规定，并经政府主管部门批准。工地的小型油库应远离生活区50m以外，并设置围栏。

（4）生产生活房屋应按规定保持必需的安全净距。一般情况下，活动板房不小于7m；铁皮板房不小于5m；临时的锅炉房、发电机房、变电室、厨房等与其他房屋的间距不小于15m。

（5）工地上较高的建筑物、临时设施及重要库房，如炸药库、油库、发（变）电房、塔架、龙门吊等，均应加设避雷装置。

（6）施工现场临时用电线路按照临时用电的施工组织设计布设，并符合《施工现场临时用电安全技术规范》（JGJ 46—2005）的要求。

（7）施工现场应按照规定设置防护设施、安全标志、警告标志，并不得擅自拆动。

（8）水上作业应按照《中华人民共和国水上水下施工作业通航安全管理规定》（交通部令1999年第4号），到当地有关主管部门办理水上施工许可证，并按施工方案和水上作业的有关规定进行施工。水上作业应根据水流情况配备救生圈等，水上作业人员应穿救生衣。通航水域桥梁施工应采取防撞措施。渡船、拖轮及其驾驶员的证件手续应办理齐全。渡船、拖轮应有安全设施，严禁超载、超高、超宽。

（9）施工现场的临时设施必须避开泥沼、悬崖、陡坡、泥石流、雪崩等危险区域，选在水文、地质良好的地段。

（10）施工现场内的坑、沟、水塘等边缘应设安全护栏，场地狭小、行人和运输繁忙的地段应设专人指挥交通。

（11）对环境有污染的设施和材料应设置在远离人员居住的较为空旷的地点。污染严重的工程场所应配有防污染的设施。

二、施工现场临时用电

(1)场内架设的电线应绝缘良好,悬挂高度及线间距必须符合电力部门的安全规定,如图 3-2 所示。

图 3-2　施工现场临时用电

(2)现场架设的临时线路必须用绝缘物支撑,不得将电线缠绕在钢筋、树木或脚手架上。

(3)电工在接近高压线操作时,当电压为 10kV 以下时,其安全距离不得小于 0.7m;电压为 20～35kV 时,不得小于 1m;电压为 44kV 时,不得小于 1.2m,否则必须停电后方可操作。移动金属梯子和操作平台时,要观察高处输电线路与移动物体的距离,确认有足够的安全距离,再进行作业。

(4)在三相四线制中性点搭铁供电系统中,电气设备的金属外壳应作接零保护;在非三相四线制供电系统中,电气设备的金属外壳应作搭铁保护,其搭铁电阻不大于 4Ω,并不得在同一供电系统上有的搭铁、有的接零。保护线 PE 必须采用绿/黄双色线,严格与相线、工作零线相区别,严禁混用。

(5)各种电器设备应配有专用开关,室外使月的开关、插座应外装防水箱并加锁，在操作处加设绝缘垫层。

(6)各种电气设备的检查维修，一般应停电作业。如必须带电作业时，应有可靠的安全措施并派专人监护。

(7)工地安装变电器必须符合电业部门的要求，并设专人管理，施工用电尽量保持三相平衡。

(8)现场变(配)电设备处，必须有灭火器材和高压安全用具。非电工人员严禁接近带电设备。

(9)使用高温灯具，要防止失火，其与易燃物的距离不得小于1m，一般电灯泡距易燃物不得小于50cm。

(10)移动式电气机具设备应用橡胶电缆供电，并经常注意理顺；跨越道路时，应埋入地下或作穿管保护。

(11)遇雷雨天气，不得爬杆带电作业；在室外无特殊防护装置时，必须使用绝缘拉杆拉闸。

(12)在能产生大量蒸汽、气体、粉尘等工作场所，应使用密闭式电气设备。在有爆炸危险的工作场所，应使用防爆型电气设备。

(13)电气设备的转动带、转轮等外露部位必须安防护罩。

(14)大型桥梁施工现场、隧道和预制场地，应有自备电源，以免因电网停电造成工程损失和出现事故。自备电源和电网之间，要有联锁保护。

(15)用电设备与开关箱间距不大于3m，与配电箱间距不大于30m，开关箱漏电保护器的额定漏电动作电流应选用30mA，额定漏电动作时间应小于0.1s。水泵及特别潮湿场所，漏电动作电流应选用15mA。

(16)在潮湿和易触及带电体场所的照明电源不得大于24V。在特别潮湿的场所，导电良好的地面工作的电源电压不得大于12V。

(17)施工现场必须按照“三级配电、二级保护”设置。每台用

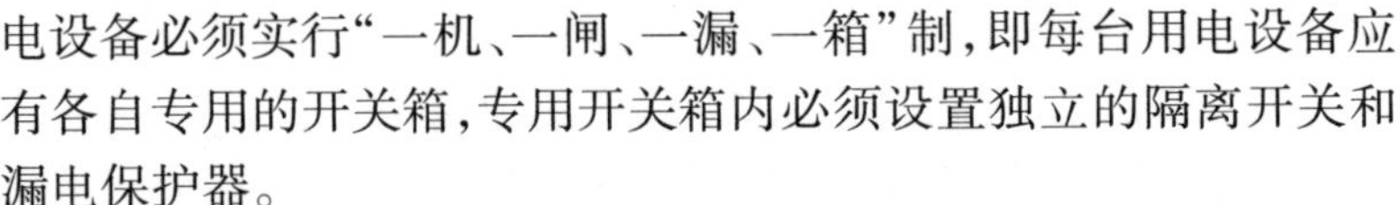

电设备必须实行“一机、一闸、一漏、一箱”制，即每台用电设备应有各自专用的开关箱，专用开关箱内必须设置独立的隔离开关和漏电保护器。

(18)严禁在高压线下搭设临建、堆放材料或进行施工作业。在高压线下作业时，必须保持至少6m的水平距离；达不到上述距离时，必须采取隔离防护措施。

(19)严禁在宿舍工棚、仓库、办公室内使用电饭煲、电水壶、电炉、电热杯功率电器。

(20)严禁在施工现场内乱拉乱接电线。非专职电工不准乱接或更换熔断丝，不准以其他金属丝代替熔断(保险)丝。

(21)严禁在电线上晒晾衣服或挂其他东西。

(22)搬运较长的金属物体，如钢筋、钢管等材料时，应注意不要碰到电线。在地面上运送材料时，不得踩在电缆线上。停放手推车、堆放钢模板、跳板、钢筋时，不要压在电缆线上。

(23)在邻近输电线路的桥涵结构物上作业时，不能随便往下扔金属类杂物，更不能触碰、拉动电线或使电线接触钢丝和电杆的拉线。

(24)在移动有电源线的机械设备，如电焊机、水泵等时，必须先切断电源，不能带电搬动。

(25)当发现电线坠地或设备漏电时，不可随意跑动和触摸金属物体，并保持10m以上距离。

(26)现场照明的要求如下：

①照明灯具的金属外壳必须保护接零。单相回路的照明开关箱内必须装设漏电保护器。

②室外灯具距地面不得低于3m；室内灯具不得低于2.4m。

③钠灯、金属卤化物灯具的安装高度宜在5m以上，灯线不得靠近灯具表面。

④投光灯的底座应安装牢固，按需要光轴方向将框轴拧紧

固定。

⑤灯具内的接线必须牢固；灯具外的接线必须做可靠的绝缘包。

(27)在能产生大量蒸汽、气体、粉尘等工作场所作业时，应使用密闭式电气设备。在有爆炸危险的工作场所，应使用防爆型电气设备。

(28)传动带、转轮、飞轮等外露部位必须安装防护罩。

(29)检修电气设备时，应按下列要求进行：

①必须由电工进行，他人不得任意操作。

②工作中如遇停电情况，应拉下开关，切断电源。检修结束后，必须检查各项设备的情况，如无异常，方可合闸。

③大型设备检修应在切断电源、设好防护后进行，在开关处设置警示标志，工作完成后方可拆除。

(30)大型桥梁施工现场、隧道和预制场地应有自备电源，以免电网停电给工程造成损失和出现事故。自备电源和电网之间应有联锁保护。

三、施工现场交通安全管理

❶ 场内交通

(1)场内道路应经常维护，保持畅通。载货汽车通过较多的道路，其弯道半径一般不小于15m，特殊情况下不得小于10m。手推车道路的宽度不小于1.5m。急弯与陡坡地段应设置明显交通标志。与铁路交叉处应有专人照管，并设信号装置和落杆。

(2)靠近河流和陡壁处的道路，应设置明显的警告标志。

(3)场内行驶斗车、平车的轨道应平坦顺直，纵坡不得大于3%。车辆应装制动闸，铁路终点应设置倒坡和车挡。

2 便道、便桥安全管理

(1)便道安全管理如下:

①便道傍山时,要注意边缘的危石处理,防止滑坡、塌方破坏便道。

②便道应起拱5%,两侧做宽300mm、深200mm的排水沟。

③便道沿河时,应严格按照防汛要求,做好保护措施。

④便道应设置连贯、通畅的排水设施和其他应急措施,防止泥浆、污水、废水排入河沟。

(2)便桥安全管理如下:

①便桥的位置应按照当地有关部门批准的设计选址施工。

②便桥必须坚固可靠,桥面铺满木板。便桥临水端应设置靠船的靠帮和系缆设施。

③通过便桥的电线、电缆必须绝缘良好,并固定在桥的一侧。

④便桥应有抗洪水、流水及其他漂浮物的能力,并做到经常维修。

3 边通车边施工交通安全管理

(1)改建工程中,边通车、边施工路段的安全生产,除应遵守本规程的有关规定外,还应加强对通行车辆的安全管理,确保施工、交通安全。

(2)改建工程需挖除旧路路基、路面进行重建的路段,在施工路段的两端应竖立显示正在施工的警告标志。标志应鲜明、醒目。标志与施卫路段的距离,应根据开挖宽度、路线等级、交通量等情况确定。

(3)一侧拓宽或两侧拓宽的改建工程,原有道路的路面宜先保留,以维持交通。

(4)在拓宽地段,如需在原有道路上运送土石方,宜采用机动车辆运输。采用手推车运输时,可划分部分路面,专供手推车行

驶,并应做到:

①剩余部分路面宽度应保证机动车行车安全。

②要用红白相间的栏杆等隔离设施,与机动车行车道隔开。

③设专职人员指挥来往车辆。

(5)通车路段的路面应清扫干净,防止车辆碾飞土石伤人或雨后泥泞影响通车。

(6)在原有路段上进行降坡改建的工程,有条件的可修建临时便道维持交通,也可在降坡地段半幅施工,另半幅作通车之用。

(7)半幅通车路段,在车辆驶出(入)前方应设置指示方向和减速慢行的标志。同时,在施工作业区的两端设置明显的路栏。晚间要在路栏上加设施工标志灯。半幅施工区与行车道之间应设置红白相间的隔离栅。

(8)半幅施工的路段不宜过长,一般以300~500m为宜。

(9)在单车道维持通车路段上,当路段不长、交通量不大时,可在该路段的适当地点设置车辆会让处;当施工路段较长、交通量较大时,应实行交通管制。每班配置专职人员和通信设备,指挥交通,疏导车辆。

(10)在居民点或公共场所附近开挖沟槽时,应设护栏及搭设跳板供行人通过。夜间应设置照明灯和红灯。

(11)在原地拆除旧桥(涵)、重建新桥(涵)时,应先建好通车便桥(涵)或渡口。在旧桥的两端应设置路栏,夜间应在路栏上悬挂警示灯,并在路肩上竖立通向便桥或渡口的指示标志。

四、施工现场防火

(1)贯彻落实"预防为主、防消结合"的方针,按照"谁施工、谁负责"的原则,与劳务分包单位签订消防安全责任书,明确消防责任,并监督检查消防工作开展落实情况,但是施工项目要负责

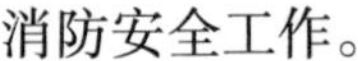

消防安全工作。

(2)施工项目要制订消防措施,明确各区域消防安全责任人,根据工程规模和火灾危险性配备专(兼)消防人员,负责日常的消防监督检查工作,协助防火负责人抓好现场的防火工作。

(3)施工现场应明确划分用火作业区、材料堆放区、仓库区以及生活、办公区和废品集中区,各区域之间的防火间距要符合下列要求:

①锅炉房和厨房及其他固定用火作业区,间距不得小于25m,距生活用火区不得小于15m。

②电石或乙炔、氧气瓶库等距离废品集中区不应小于30m,距离施工区、生活区不应小于30m。

③可燃材料堆放区距离施工区、生活区不得小于25m。

④区域内禁止搭建木板房,在搭建临时建筑时,其防火间距:城区不应小于5m;郊区不应小于7m。

⑤在独立场地上搭建办公宿舍时,应分组布置,每组不超过10幢,组与组之间的防火间距:在城区不外于10m;在郊区、县不小于15m。

⑥临建房屋宿舍内人数不宜超过30人,宿舍门的宽度不小于1.2m,门向外开。

(4)消防措施。在保证防火间距的基础上,施工现场消防措施还要满足下列要求:

①防火间距内,不应堆放易燃和可燃物品。

②施工现场道路宽度不应小于3.5m,有条件的,设照明设备,留有消防车能够进出的通道。

③施工现场应设有足够的消防水源,当消防水源不足时,应修建给水或消防蓄水池。水池的容量与施工现场用水量应维持20min用水流量。

④在施工现场的道路,夜间应有照明设备。

⑤施工现场要根据施工生产情况和地点，在现场临建设施、仓库、易燃物品堆放和固定用火处，要配备一定数量的便携式消防器材（图3-3）。一般临时设施区，每 $100m^2$ 配备两个10L灭火器，大型临时设施总面积超过 $1200m^2$ 的，应配备有专供消防用的太平桶、积水桶、黄沙池等器材设施，用于扑灭初起火灾，并要求布置在明显和便于取用的地点。消防器材周围5m内，不准存放任何物品。

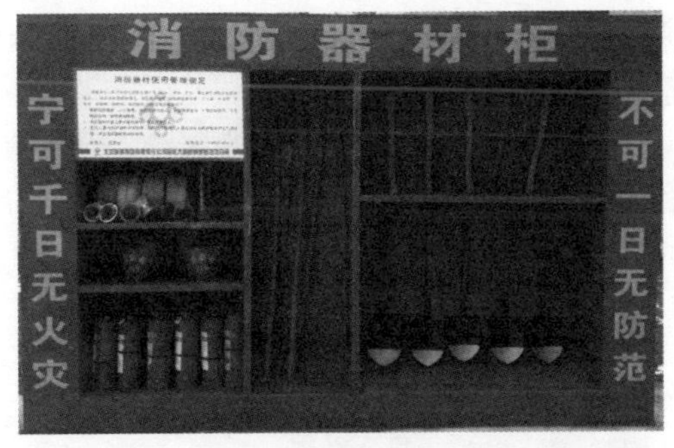

图3-3　消防器材柜

⑥消防器材要有专人管理，定期检查，按期维护，及时修理，并根据具体情况予以报废和更新。冬季要做好防冻工作，夏季要做好防暴晒工作。

⑦施工现场内或工程内部禁止设立仓库存放物品。

⑧施工现场配电室内禁止吸烟、生火（图3-4）。

⑨施工现场的易燃易爆危险品必须按照公安部门的管理规定执行。

图3-4　施工现场配电室

⑩在高压线下简单搭建暂时建筑和堆放易燃和可燃物品，临建建筑物的电气照明，要按国家和本地区的标准安装。无电地区最好使用桅灯照明，并悬挂牢固。

五、现场文明施工

(1)工程开工前，施工项目要会同建设单位对施工现场进行勘探，对可能损坏的周围建筑物、构筑物和管线制订相应的保护措施，保证施工安全进行。

(2)现场办公区、生活区场地及作业区道路应硬地化，保持平整，其厚度和强度应满足施工和行车需要。道路要确保通畅，并设置相应的安全防护措施和醒目的交通安全指示标志(图3-5)。

图3-5 施工现场临建设施

(3)临时建筑物、构造物包括：办公用房、宿舍、食堂、仓库、卫生间、沐浴室及消防用的砂、水池等。要求稳固、安全、整洁，并满足消防要求(图3-6~图3-9)。

(4)办公区、作业区、仓库等场所内应整洁有序；生活区中的食堂、供排水、浴室、宿舍及厕所等应符合防火、卫生、通风、照明等要求。

图 3-6　施工现场办公会议室

图 3-7　施工现场临时食堂

图 3-8　施工现场临时沐浴室

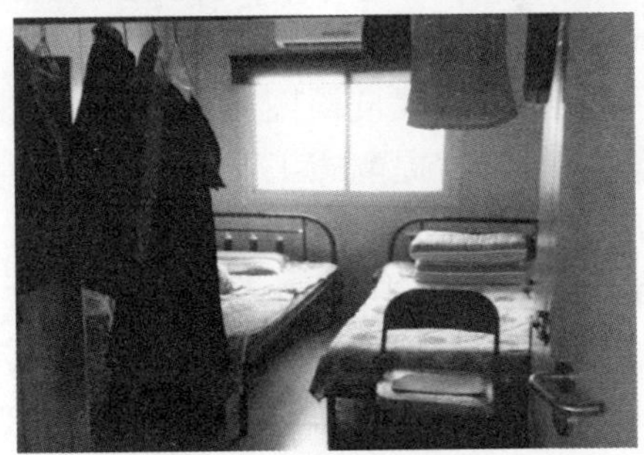

图 3-9　施工现场临建宿舍

(5)现场设置集体宿舍时,应具备良好的防潮、通风、采光等性能,并与作业区隔离。按设计架设用电线路,严禁任意拉线接电,严禁使用电炉和明火烧煮食物。

(6)施工现场应按照规定设置安全标志牌、警示牌,做到齐全、醒目,不得擅自拆动,符合国家标准《安全色》(GB 2893—2001)《安全标志》(GB 2894—1996)的规定,并做到:

①施工现场入口处应设置入场须知、现场安全管理规定牌、施工总平面布置图、工程概况牌(每个标段的起讫点处标明标段的起止桩号、施工单位名称、监理单位名称、项目经理、监理负责人姓名及开工、交工时间)、文明施工管理牌、组织网络牌、危险源须知牌等。

②施工标段内每个重要工程(构造物、桥梁、拌和站、预制厂等)应设置标明名称、施工负责人、技术负责人等内容的公告牌。

a. 每个构造物现场标明构造物名称、桩号、跨径,该构造物施工负责人、技术负责人、监理负责人。

b. 每个互通立交标明互通立交名称、起止桩号、工程概况、施工负责人,技术负责人、监理负责人,并附该互通立交平面效果图。

c. 每个拌和站标明拌和站名称,负责施工区域,混凝土的强度等级、数量,拌和站负责人、监理负责人。

d. 每个预制厂标明预制场名称、工程概况、施工负责人、技术负责人、监理负责人并附该预制场平面图。

③变压器、高压区、泥浆坑周围、桩基施工现场、交叉施工现场、油库等设警示标志,以提醒施工及过往人员注意安全。警示牌制作和图标应符合国家及有关部门的规定。

(7)正确使用安全防护用品,杜绝“三违”现象。进入施工现场,必须着装整洁,戴安全帽,禁止赤膊、穿拖鞋或光脚。在没有防护设施的高处、悬崖、陡坡作业,必须系安全带。

(8)按照规定施工现场设置防护设施,上下交叉作业有危险的出入口要有防护棚或其他隔离设施。距离地面 2m 以上作业要有防护栏、挡板或安全网。安全帽、安全带、安全网要定期检查，不符合要求的，禁止使用。

(9)施工设备和机料。

①施工现场机具材料应做到：机械设备保持状态良好、整洁、停置整齐；施工材料堆放有序、存储规整合理，并插置标示牌(图 3-10)。各类拌和场地和区域必须作硬化处理(图 3-11)，材料分隔堆放，并标明名称、产地、规格，对水泥、钢材等，需设置防雨、隔潮设施。

图 3-10 钢筋堆放区

图 3-11 梁场施工场地硬化处理

②施工现场使用的主要机械设备(装载机、挖掘机、压路机等)应配设“设备标志牌”,在标志牌上应明示出设备名称、生产厂家、出厂日期、使用状况,操作人员名称等(图 3-12)。

图 3-12　设备上的“设备标志牌”

(10)施工现场环保。

①工地现场外观应做到三洁:施工场地整洁,生活环境清洁,施工产品美观洁净。生活垃圾要定点堆放消纳处理(图 3-13),严禁乱扔乱弃,更不准向建设工程用地红线外抛掷垃圾。要及时清理场区及施工范围内的水泥袋、钢筋头等杂物和各种油污。

图 3-13　建筑垃圾存放处

②对施工中产生的废弃料和废渣不得在施工现场存放或随意丢弃，应按照要求运往指定地点进行处理存放；对易造成环境污染的施工材料，在运输、存放及使用过程中，应采取有效措施，使其不污染或将污染降到最小程度。

③污水的处理和排放：

a. 禁止直接向下水道、管网和河水倾倒化学品或成分不明的液体；

b. 场地内所有的生活或其他污水必须分别处理后方能经排水渠排入排水管网或河流；

c. 要设置专用泥浆沉淀池和泥浆池，不得随意排放泥浆，未经沉淀不得排入河流；

d. 泥浆池不得设在路基坡脚范围内，废浆和淤泥应使用封闭的专用车辆进行运输或就地回收利用方式处理。

④粉尘控制：

a. 拆除旧有建筑物时，应采用隔离、洒水等措施防止扬尘，并在规定的期限内将废弃物清理完毕。

b. 施工便道（包括施工项目自建的临时道路和因施工需要而通行的原有道路）应进行日常养护，保证晴雨通车，经常清扫、洒水，防止尘土飞扬，以免影响当地群众正常生活、生产活动。

c. 施工现场的各类拌和场应采取降尘措施，由于其他原因而未做到的施工场地硬化部位，要定期压实地面和洒水，减少灰尘对周围环境的污染。

d. 对存在的危险化学品采取防护措施，如容器加盖、储存室通风、定期检查等，控制和减少危险化学品挥发。禁止在施工现场焚烧有毒、有害和有恶臭气味的物质材料。

e. 水泥和其他容易飞扬的细颗粒施工材料应密闭存放，砂石散料应采取覆盖措施。装卸有粉尘的材料时，应洒水湿润。

f. 临时驻地食堂安装油烟净化装置，减少油烟对环境的污染。

g. 施工时，采取喷水降尘措施，尽可能减少粉尘排放量和影响区域。合理安排施工区域，及时清运和利用施工废弃土，避免产生扬尘。隧道施工时，按照施工方案，合理配置各类设施和装置，降低粉尘排放。

h. 装运建筑材料、土石方、建筑垃圾及工程渣土的车辆，应采取加盖苫布，车厢设置挡板等效措施，以免行驶中污染道路和环境。

i. 施工现场的施工机械设备、施工车辆尾气排放应符合国家环境保护排放标准的要求。

⑤噪声控制：

a. 采用降低噪声的工艺。对于产生噪声的施工现场机械、机具，在使用时应采取消声、吸声、隔离等有效控制措施。

b. 采用降低噪声的施工方法。如合理安排施工时间，降低施工设备噪声排放，封闭作业以减少加工设备噪声排放，按照施工方案严格控制爆破区域和用药量，降低爆破噪声等。

⑥照明污染控制：夜间施工要严格按照当地建设和行业行政主管部门及有关部门的规定执行。对施工照明用具的种类、灯光亮度要加以严格控制。

⑦生态环保：

a. 修建施工便道时，考虑既有道路的利用，并考虑汛期要求，尽可能减少对既有土地、植被、河流等自然环境的破坏和影响。合理布设取土坑，避免影响原有排水系统。取土结束后，保证取土坑平整、边坡稳定、形状规则，并按取土协议和复耕协议的要求在规定的时间内进行复耕。弃方应整齐堆放在规定的弃方场地范围内，采取监理工程师认可的措施，防止环境污染、水土流失。

b. 施工中尽量做到保护沿线公路、桥梁用地范围以外的现有绿色植被和农田。

(11)施工现场综合治理。

①建立健全安全保卫规定，制订防范措施，落实安全保卫责任，做到责任分解到人。加强内部治安管理和现场保卫工作，加强重点实物看守保护，做好防火、防盗工作。

②施工现场管理人员、作业人员必须佩戴工作卡。工作卡应有本人照片、姓名、所属单位、工种或职务，管理人员和作业人员的标志卡应以颜色区别。

③加强对施工现场作业人员的法纪和文明教育，严禁在施工现场赌博、酗酒、打架斗殴或进行黄、赌、毒等非法活动。

第四章　施工安全技术

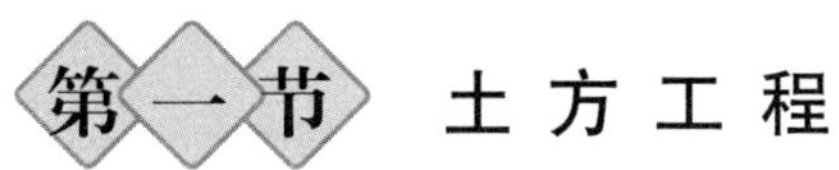

第一节　土方工程

(1)人工挖掘土方必须遵守下列规定:

①开挖土方的操作人员之间,必须保持足够的安全距离;横向间距不小于2m,纵向间距不小于3m;

②土方开挖必须自上而下顺序放坡进行,严禁采用挖空底脚的操作方法。

(2)在靠近建筑物、设备基础、电杆及各种脚手架附近挖土时,必须采取安全防护措施。

(3)高陡边坡处施工必须遵守下列规定:

①作业人员必须绑系安全带;

②边坡开挖中如遇地下水涌出,应先排水,后开挖;

③开挖工作应与装运作业面相互错开,严禁上、下双重作业;

④弃土下方和有滚石危及范围内的道路,应设警告标志,作业时坡下严禁通行;

⑤坡面上的操作人员对松动的土、石块必须及时清除,严禁在危石下方作业、休息和存放机具。

(4)设有支挡工程的地质不良地段,在考虑分段开挖的同时,应分段修建支挡工程。

(5)施工中如发现山体有滑动、崩坍迹象危及施工安全时,应暂停施工,撤出人员和机具,并报上级处理。

(6)滑坡地段的开挖,应从滑坡体两侧向中部自上而下进行,严禁全面拉槽开挖,弃土不得堆在主滑区内。开挖挡墙基槽也应从滑坡体两侧向中部分段跳槽进行,并加强支撑,及时砌筑和回填墙背,施工中应设专人观察,严防塌方。

(7)在落石与岩堆地段施工,应先清理危石和设置拦截设施后再行开挖。其开挖面坡度应按设计进行,坡面上松动石块应边挖边清除。

(8)在岩溶地区施工,应认真处理涌出的岩溶水,以免导致突发性的坍陷。泥沼地段施工,应有必要的防范措施,避免人、机下陷。挖出的废土应堆置在合适的地方,以防汛期造成人为的泥石流。

(9)采用人工挑、抬、运土,应检查箩筐、土箕、抬扛、扁担、绳索等的牢固程度。

(10)会车时应轻车让重车。通过窄路、十字路口、交通繁忙地段及转弯时,应注意来往行人及车辆。重车运行,前后两车间距必须大于5m;下坡时,间距不小于10m,并严禁车上乘人。车道应有专人维修,悬崖陡壁处应设防护栏杆。

(11)轨道翻斗车运土时,轨道应铺设平顺,防止死弯,坡度不应大于3%。双线的净间距不得小于1m。平交道两侧的轨道应设长度不小于20m的直线,卸车地段应有10~15m的反坡,并在尽头设车挡。操作时必须遵守下列规定:

①斗车及制动装置必须完好,装车前应先插牢锁销;装车不得超载、偏载;

②车辆应在平道上装土,如在坡道上装土时,必须在下坡方向车轮下加楔,以防车辆滑溜;

③推车人员必须掌好车闸,车速不宜过快,前方有人时应鸣号示意避让;多车同行时,前后间距不得小于20m;

④卸土时,在下方的作业人员应避开,并应防止车辆倾覆,严

禁在行走中卸土,卸土后应将锁销插好;

⑤数车同时卸土,应设专人指挥,两车间距不得小于2m,其间严禁站人。

(12)电动蛙式打夯机的电源线必须完好无损,并应安装漏电保护器。操作时应戴绝缘手套,一人操作、一人扶持电缆进行辅助。辅助与操作人员必须紧密配合,严禁在夯机前方隔机扔电缆和背线拖拉前进。电缆线不应扭结和缠绕,不得夯及电源线,也不得在斜坡上夯打。停用或搬运打夯机时应切断电源。

(13)大型机械进场前,应查清所通过道路、桥梁的净宽和承载力是否足够,否则应先予拓宽和加固。

(14)施工单位应为进场机械提供临时机棚或停机场地;机械在停机棚内启动时,必须保持通风;棚内严禁烟火,机械人员必须掌握所备灭火器材的使用方法。

(15)在电杆附近挖土时,对于不能取消的拉线地垄及杆身,应留出土台。土台半径:电杆为1~1.5m,拉线1.5~2.5m,并视土质决定边坡坡度。土台周围应插标杆示警。

(16)机械在危险地段作业时,必须设明显的安全警告标志,并应设专人站在操作人员能看清的地方指挥。驾机人员只能接受指挥人员发出的规定信号。

(17)机械在边坡、边沟作业时,应与边缘保持必要的安全距离,使轮胎(履带)压在坚实的地面上。

(18)配合机械作业的清底、平地、修坡等辅助工作应与机械作业交替进行。机上、机下人员必须密切配合,协同作业。当必须在机械作业范围内同时进行辅助作业时,应停止机械运转后,辅助人员方可进入。

(19)施工中遇有土体不稳、发生坍塌、水位暴涨、山洪暴发或在爆破警戒区内听到爆破信号时,应立即停工,人机撤至安全地点。当工作场地发生交通堵塞,地面出现陷车(机),机械运行道路发生打滑，防护设施毁坏失效，或工作面不足以保证安全作业时，亦应暂停施工，待恢复正常后方可继续施工。

(20)挖掘机作业。

①发动机起动后，铲斗内、臂杆、履带和机棚上严禁站人。

②工作位置必须平坦稳固。工作前履带应制动，轮胎式挖掘机应顶好支腿，车身方向应与挖掘工作面延伸方向一致，操作时进铲不应过深，提斗不得过猛。

③在高陡的工作面上挖掘夹有石块的土方时，应将较大的石块和杂物除掉。如果土体挖成悬空状态而不能自然塌落时，则需用人工处理，严禁用铲斗将悬空土方砸下。

④对吊杆顶端的滑轮和钢丝绳进行维护、检修拆换时，应将铲斗和吊杆放落地面，然后再进行维修。

⑤严禁铲斗从运土车的驾驶室顶上越过。向运土车辆卸土时，应降低铲斗高度，防止偏载或砸坏车厢。铲斗运转范围内，严禁站人。挖掘机作业见图4-1。

图4-1　挖掘机作业

(21)推土机作业。

①推土机上下坡时，其坡度不得大于30°；在横坡上作业，其横坡度不得大于10°。下坡时，宜采用后退下行，严禁空挡滑行，必要时可放下刀片作辅助制动。

②在陡坡、高坎上作业时，必须有专人指挥，严禁铲刀超出边

坡的边缘。送土终了应先换成倒挡后再提铲刀倒车。

③在垂直边坡的沟槽作业，其沟槽深度，对大型推土机不得超过2m，对小型推土机不得超过1.5m。推土机刀片不得推坡壁上高于机身的孤石或大土块。

④推土机在摘卸推土刀片时，必须考虑下次挂装的方便。摘刃片时辅助人员应同驾驶员密切配合，抽穿钢丝绳时应戴帆布手套，严禁将眼睛挨近绳孔窥视。

⑤多机在同一作业面作业时，前后两机相距不应小于8m，左右相距应大于1.5m。两台或两台以上推土机并排推土时，两推土机刀片之间应保持20～30cm间距。推土前进必须以相同速度直线行驶；后退时，应分先后，防止互相碰撞。

⑥用推土机挖除大树或清除残墙断壁时，应提高着力点，防止其上部反向倒下砸向推土机驾驶室，推土机作业如图4-2所示。

图4-2　推土机作业

(22)铲运机作业。

①拖式铲运机应遵守：

a.作业前应先将运行道路刮平，其宽度应大于机身宽约2m；

b.行驶中严禁把铲斗和斗门提升到最高点，以免在转弯时将钢丝绳崩断；下坡时应放下铲运机斗作辅助制动，严禁空挡滑行；

c. 铲斗与机身不正时不得铲土；在开始铲土和提斗时，动作要缓慢；驾驶员离开机车时，应将变速置于空挡，关闭发动机，将铲斗放落在地面；

d. 在新填的土堤上作业，应离开土堤边沿 1m 以上；靠路堤边沿填土时，必须保持外侧高内侧低和纵向基本平顺，卸土时铲斗应放低，防止铲运机滑下；

e. 多台铲运机作业，前后净距不得小于 10m，左右净距不得小于 2m；两机会车应减速慢行；

f. 清除铲斗内积土时，必须先把铲斗牢固支起，推土板恢复常位后，人员才能进入铲耳内清除积土；

g. 长距离拖运，必须用挂钩将铲斗挂牢，解除钢丝绳负荷。

②自行式铲运机应遵守：

a. 自行式铲运机的行车道必须平整坚实，单行道的宽度不得小于 4.5m（或车宽的 1.5 倍），超、会车时，两车净距不得小于 1m；

b. 多台机械在工地纵队行驶时，前后间距不得小于 20m；

c. 在作业过程中发现后主离合器制动不灵、机械有异声、警报器发声时，应立即停车检修；

d. 严禁在大于 15°的横坡上行驶，不应在陡坡上进行危险性作业。

(23)平地机作业。

①在公路上行驶时，应遵守道路交通规则，刮刀和松土器应提起，刮刀不得伸出机侧，速度不得超过 20km/h。夜间不宜作业。

②刮刀的回转与铲土角的调整以及向机外倾斜都必须在停机时进行。作业中刮刀升降量差不得过大。

③遇到坚硬土质需要齿耙翻松时，应缓慢下齿。不宜使用齿耙翻松坚硬旧路面。

④在坡道停放时,应使车头向下坡方向,并将刀片或松土器压入土中。平地机作业见图4-3。

图4-3　平地机作业

(24)装载机作业。

①起步前应将铲斗提升到离地面0.5m左右。作业时应使用低速挡。用高速挡行驶时,不得进行升降和翻转铲斗。严禁铲斗载人。

②行驶道路应平坦,不得在倾斜度超过规定的场地上作业,运送距离不宜过大。铲斗满载运送时,铲斗应保持在低位。

③在松散不平的场地作业,可将铲臂放在浮动位置,使铲斗平稳地推进。如推进阻力过大,可稍稍提升铲臂,装料时铲斗应从正面低速插入,防止铲斗单边受力。

④向运输车辆上卸土时需缓慢,铲斗应处在合适的高度,前翻和复位不得碰撞车厢。

⑤应经常注意机件运转声响,发现异响应立即停车排除故障。当发动机不能运转需要牵引时,应使各转向油缸能自由动作。装载机作业见图4-4。

(25)汽车作业。

①载货汽车应遵守:

a.必须按规定吨位装载,不得超载、超高,不得人货混载,驾驶室内不得超额坐人；

b. 车辆装土场地必须平整坚实，当用机械装土时，汽车就位后应拉紧驻车制动器操纵杆，装载均匀，不得偏载；

c. 在陡坡、高坡、坑边或填方边坡处卸土时，停卸地点必须平整坚实，地面宜有反坡，与边缘必须保持安全距离；在危险地段卸土，应有专人指挥；

d. 公路上行驶必须遵守道路交通规则；运载易燃、易爆等危险物品时，应遵守有关规定，除必要的随车人员外，不得搭乘其他人员。

图 4-4　装载机作业

②自卸汽车。除应遵守上述载重汽车的各条规定外，还应遵守：

a. 发动机起动后应检查起翻装置，确保良好；严禁在驾驶室外进行操作，翻斗内严禁载人；

b. 当装载高度超过车厢拦板时，应平稳行驶，不得猛力加速，也不得紧急制动；

c. 卸料起斗时，应检视上空有无电线，防止剐断。

(26)轮式拖拉机作业。

①拖拉机和拖斗之间严禁站人。

②作业时不得在陡坡上转弯、倒车或停车。通行道路的纵坡

不得超过 20°，横坡不得超过 6°。

③作业时严禁向驾驶员传递物品；驾驶室内不得超员坐人。

④在斜坡横向卸土时，严禁倒退。坡度较大，车身左右偏斜过甚时，不得卸土。

(27)压路机作业。

①必须在压路机前后、左右无障碍物和人员时才能起动。

②变换压路机前进后退方向应待滚轮停止后进行。严禁利用换向离合器作制动用。

③压路机靠近路堤边缘作业时，应根据路堤高度留有必要的安全距离。碾压傍山道路时，必须由里侧向外侧碾压。上坡时变速应在制动后进行，下坡时严禁脱挡滑行。

④两台以上压路机同时作业，其前后间距不得小于 3m；在坡道上纵队行驶时，其间距不得小于 20m。

⑤振动压路机尚应遵守：

a. 起振和停振必须在压路机行走时进行；在坚硬路面行走严禁振动；

b. 碾压松软路基，应先在不振动情况下碾压 1 ~ 2 遍，然后再振动碾压；

c. 对离合器、起振离合器和制动器进行调整，必须在主离合器脱开后进行，不得在急转弯时快速挡；严禁在尚未起振情况下调节振动频率。

第二节 起重吊装

❶ 一般规定

(1)起重运输机械操作工必须取得资格证后持证上岗，并应遵守下列规定：

①操作人员必须身体健康，患有碍安全操作的疾病和精神不正常者不得操作机械设备，酒后或服用镇静药物者不得操作机械设备。

②作业中应观察或巡视机械、周围人员及环境状况，不得擅自离开岗位。

③操作人员必须按规定佩戴安全防护用品，女工应戴工作帽，作业时长发不得外露。

④不得随意拆除机械设备照明、信号、仪表、报警和防护装置，应按规定的周期检查、调校安全防护装置。

⑤机械设备外露的传动机构、转动部件和高温、带电部分应装设防护罩等安全防护设施和设有明显的安全警示标志。

⑥机械运转时严禁接触运动部件、进行修理及维护作业。

(2)作业时应遵守下列规定：

①机械在社会道路上行驶时必须遵守交通管理部门的有关规定。

②机械通过桥梁前，应了解桥梁的承载能力，确认安全后方可低速通过；严禁在桥面上转向和紧急制动；通过桥洞前必须注意限高，确认安全后方可通过。

③作业前，必须进行检查，制动、转向、信号及安全装置应齐全有效。

④坡道停机时，不得横向停放；纵向停放时，必须挡掩，并将工作装置落地辅助制动，确认制动可靠后，操作人员方可离开；雨季应将机械停放在地势较高的坚实地面。

⑤在发电站、变电站、配电室等附近作业时，不得进入危险区域；在高压线附近工作时，机体及工作装置运动轨迹距高压线的距离应符合规定。

(3)作业前必须检查变幅指示器、力矩限制器、行程限位开关、防脱钩装置及吊索具，确认安全。

(4)作业前必须了解现场的道路、构筑物、架空电线及吊物的情况起重机械臂杆起落及回转半径内应无障碍物及无关人员。

(5)作业时必须听从现场指挥人员、信号工的统一指挥,遵守相关规定(图4-5)。

图4-5 起重吊装作业

(6)不得随意拆改安全装置,严禁用限位装置代替制动。

(7)严禁起重机械超载作业,严禁斜拉斜吊和吊装埋入地下的物体。起吊现场浇筑的混凝土构件或模板前,必须确认混凝土构件或模板已全部松动。

(8)吊装零散物时,必须用吊笼。

(9)起吊时,先将吊物吊离地面10~30cm,经确认安全以后方可再行提升。对可能晃动、转动的重物,必须拴住控制绳。

(10)吊装作业时,严禁人员在吊物下方穿行或停留。

(11)起升和降落的速度应均匀,严禁忽快忽慢或突然制动。回转动作应平稳,回转未停稳前,不得作反向操作。

(12)卷筒上的钢丝绳应连接牢固、排列整齐。放绳时,卷筒上的钢丝绳应保留3圈以上。钢丝绳必须符合国家标准规定。

(13)运输车辆必须按要求配备消防器材。

❷ 载货汽车

(1)载货汽车在道路上行驶时必须遵守交通管理部门的有关规定。

(2)载货汽车的安全防护装置必须齐全、灵敏有效。

(3)运载易燃、易爆、有毒、强腐蚀性等危险品时,应符合国家的有关规定。

(4)在施工现场行驶时应遵守现场的限速规定。无限速规定时,应根据现场道路及周围人员情况确定车速,但最大时速不得大于15km/h。

(5)在施工现场倒车应先鸣笛,确认安全后方可倒车。

(6)使用起重机、装载机、挖掘机装卸车时,汽车驾驶员不得停留在驾驶室内。

❸ 自卸汽车

(1)车厢内严禁载人。

(2)自卸汽车在沟槽边卸料时,应有专人指挥,卸料时汽车后轮距槽边不得小于1.5m,并设牢固挡掩。

(3)举升车厢检修、维护车辆时,必须将车厢支撑牢固。

❹ 油罐车

(1)油罐车的各种专用装置必须完好,油泵、油管、油罐接头、阀门、加油口应密封良好无泄漏,通气孔应畅通,接地链条应符合规定。

(2)油罐汽车的化油器不得有回火现象。油罐汽车附近严禁明火操作或吸烟行为。油罐汽车停放时应远离火源;炎热季节需选择荫凉处停放;雷雨天气不得将车停放在大树或高压线下。

(3)检修人员检修车辆时,不得携带火种,不得穿带钉子的鞋。

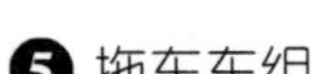

❺ 拖车车组

(1)在装卸货物或机械设备时,应将拖车车组停放在平坦、坚实的地面,将车辆制动,用三角木楔紧轮胎,并设专人统一指挥。

(2)装运带长臂杆的设备时,臂杆应朝向拖车的后方,超长的臂杆应拆解装运。拖运货物或设备的长、宽、高,应符合交通管理部门的有关规定。

(3)装运货物或设备时,应把货物或设备绑扎牢固,将设备制动,楔紧轮胎或履带,锁牢保险装置。

(4)装卸设备用的跳板必须搭设牢固、可靠。装卸挖掘机、起重机、压路机、沥青混凝土摊铺机时,跳板与地面之间的角度不得大于15°;装卸推土机、履带式拖拉机时,跳板与地面之间的角度不得大于28°。

(5)拖运超长、超高的物品或设备时,应到交通管理部门办理行驶手续,按规定的时间和路线行驶。拖运前应勘察线路。拖运时,白天应挂红旗,夜间应挂示廓示宽的标志灯。

(6)在坡道上行驶前,应换好适宜的低速挡,避免中途换挡或紧急制动。下坡时严禁空挡滑行。

❻ 沥青罐车

随车应按要求配备消防器材。沥青罐装贮量应符合规定。装、卸沥青及加热沥青应符合原车辆技术说明书的要求。

❼ 机动翻斗车

(1)机动翻斗车在施工现场行驶时,车斗的锁紧机构必须锁紧,时速不得超过5km/h。

(2)严禁驾驶室以外任何部位载人。

(3)下雪、结冰等情况下路面条件较差时,应低速行驶,不得紧急制动。

（4）上下坡时应换低速挡行驶。下坡时严禁空挡滑行。重车下坡应倒车行驶。

（5）使用装载机等机械装车时，驾驶员不得停留在驾驶室内。

（6）在坑、沟槽边沿卸料时，轮胎应与坑、沟槽沿保持1.5m以上的距离，并设置牢固挡掩。严禁直接向坑、沟槽内卸料。

（7）车斗装载物料的高度，不得影响驾驶员视线，宽度不得超出斗宽。

（8）车辆应停放在平坦的地面上。在斜坡上停放时，应用木楔打掩。驾驶员离开车辆时，必须将发动机熄火，并挂挡、拉紧手制动器。

❽ 叉车

（1）内燃机式叉车在室内作业时，应有良好的通风。严禁在存放易燃、易爆物品的仓库内作业（图4-6）。

图4-6　叉车

（2）叉装作业时，物件应尽量靠近叉装架，其重心应在叉装架中心。物件提升离地后，应将叉装架后倾，货物离地尽可能低。在载物行驶时，起步应平稳。变换前进后退方向时，必须待机械停稳后方可进行，不得急转弯。行驶时不得紧急制动。

（3）当叉装架后倾至极限位置或升至最大高度时，必须将操纵手柄置于中间位置。不得同时操纵两个手柄。

(4)在搬运大体积货物过程中,驾驶员视线被挡住时,必须倒车低速行驶。

(5)叉装作业严禁超载。严禁用叉齿拔埋地下的物体。

(6)严禁叉车载人。装卸及运输过程中,严禁任何人在货叉下穿行或停留。

❾ 汽车式、轮胎式起重机

(1)机械停放的地面应平整坚实,应按安全技术交底的要求与沟渠、基坑保持安全距离。

(2)作业前应伸出全部支腿,撑脚板下必须垫方木。调整机体水平度,无荷载时水准泡居中。支腿的定位销必须插上。底盘为弹性悬架的起重机,放支腿前应先收紧稳定器。

(3)调整支腿作业必须在无载荷时进行,将已伸出的臂杆缩回并转至正前方或正后方。作业中严禁扳动支腿操纵阀。

(4)作业中变幅应平稳,严禁猛起、猛落臂杆。

(5)伸缩臂式起重机在伸缩臂杆时,应按规定顺序进行。在伸臂的同时,应相应下放吊钩。当限位器发出警报时应立即停止伸臂。臂杆缩回时,仰角不宜过小。

(6)作业时,臂杆仰角必须符合说明书的规定。伸缩式臂杆伸出后,出现前节臂杆的长度大于后节伸出长度时,必须进行调整,消除不正常情况后方可作业。

(7)作业中出现支腿沉陷、起重机倾斜等情况时,必须立即放下吊物,经调整、消除不安全因素后方可继续作业。

(8)在进行装卸作业时,运输车驾驶室内不得有人,吊物不得从运输车驾驶室上方通过。

(9)两台起重机抬吊作业时,两机性能应相近,单机载荷不得大于额定起重量的80%。

(10)轮胎式起重机需短距离负载行走时,途径的道路必须平坦坚实,载荷必须符合使用说明书规定,吊物离地高度不得超过50cm,必须缓慢行驶。严禁负载长距离行驶。

(11)行驶前,必须收回臂杆、吊钩及支腿。行驶时保持中速,避免紧急制动。通过铁路道口或不平道路时,必须减速慢行。

(12)行驶时,在底盘走台上严禁有人或堆放物件。

(13)起重机通过临时性桥梁(管沟)等构筑物前,必须听取施工技术人员交底,确认安全后方可通过。通过地面电缆时应铺设木板保护,通过时不得在上面转弯。

(14)作业后.伸缩臂式起重机的臂杆应全部缩回、放妥,并挂好吊钩。桁架式臂杆起重机应将臂杆转至起重机的前方,并降至40°~60°之间。各机构的制动器必须制动牢固,操作室和机棚应关门上锁。

⑩履带式起重机

(1)履带式起重机作业场地应平整坚实。如地面松软,应夯实后用枕木横向垫于履带下方。起重机工作、行驶与停放时,应按安全技术交底的要求与沟渠、基坑保持安全距离,不得停放在斜坡上(图4-7)。

图4-7　履带式起重机

(2)作业时变幅应缓慢平稳。严禁在起重臂未停稳前变换挡位,满载荷或接近满载荷时严禁下落臂杆。

(3)双机抬吊重物时,应使用性能相近的起重机。抬吊时应统一指挥,动作应协调一致。载荷应分配合理,单机载荷不得超过额定重量的80%。

(4)作业时,臂杆的最大仰角不得超过说明书的规定。无资料可查时,不得超过78°。

(5)需负载行走时,载荷不得超过额定重量的70%。行走时,吊物应在起重机行走正前方向,离地高度不得超过50cm,行驶速度应缓慢。严禁负载长距离行驶。

(6)转弯时,如转弯半径过小,应分次转弯。下坡时严禁空挡滑行。

(7)起重机转移工地应用长板拖车运送。近距离自行转移时,必须卸去配重,拆短臂杆、制动回转机构、臂杆、吊钩等。行走时主动轮在后面。

(8)起重机通过桥梁、管道(沟)前,必须听从施工人员的安全技术交底,确认安全后方可通过。通过铁路、地面电缆等设施时应铺设木板保护,通过时不得在上面转弯。

(9)作业后臂杆应转至顺风方向,并降至40°~60°之间,吊钩应提升到接近顶端的位置。各部制动器都应加保险固定,操作室和机棚应关门上锁。

⑪ 塔式起重机

(1)施工期内每周或雨后应对轨道基础检查一次,发现险情应及时报告,排除险情后方可使用。

(2)作业前必须检查机械部件、安全装置、轨道、电气设备、吊索具等,确认安全后方可作业(图4-8)。

(3)如风力达到四级以上时不得进行顶升、安装、拆卸作业。

作业时突然遇到风力加大，必须停止作业，将塔身固定。

图4-8　塔式起重机

（4）操纵控制器应从零位开始，严禁越挡操作，回零位后方可反向操作，严禁急开急停。

（5）严禁用吊钩直接钩挂重物。工作中平移吊物时，吊物应高于所跨越障碍物1m以上。起重机应与轨道端头保持2～3m的安全距离。

（6）塔吊在停歇或中途停电时，应将吊物放至地面，不得将吊装的重物悬在空中。

（7）多机同时作业时，两机任何接近部位（包括吊物）之间的安全距离不得小于5m。

（8）作业后，应将所有控制器拨至零位，塔吊应停放在轨道中间，关闭门窗，切断电源，打开高空指示灯，锁紧夹轨器。

（9）自升塔式起重机，除遵守上述规定以外，还应遵守下列规定：

①顶升前必须检查液压顶升系统各部件的连接情况，并调整好爬升架滚轮与塔身的间隙，然后放松电缆，其长度略大于顶升高度，并紧固好电缆卷筒。

②在顶升时，必须设专人指挥，非作业人员不得登上顶升装

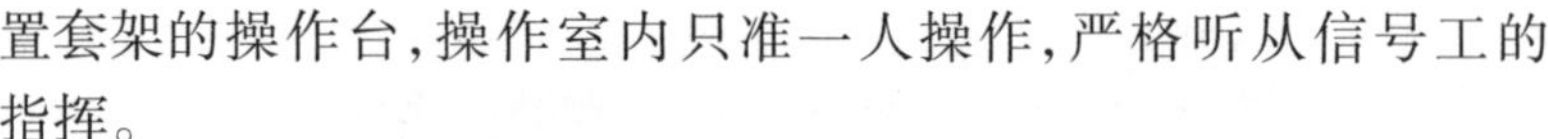

置套架的操作台，操作室内只准一人操作，严格听从信号工的指挥。

③顶升时应把小车和平衡重心移至规定位置，保持塔吊被顶升部分处于平衡状态，并将回转部分制动住；顶升中发生故障，必须立即停止顶升进行检查，待排除故障后方可继续顶升。

④顶升作业结束后，必须有专人检查连接螺栓，确认连接牢固。

（10）塔式起重机电梯每次限乘两人。

⓬门式、桥式起重机

（1）严禁擅自拆卸起重机的限位器等安全防护装置。

（2）当吊装的重物接近限位器，大车邻近其他起重机时，应减速慢行。严禁用反向操作代替制动、用限拉开关代替停车操作，严禁用紧急开关代替普通开关。

（3）操作人员应在规定的安全通道、专用站台或扶梯上行走或上下，大车轨道两侧除检修外不得行走。严禁在小车轨道上行走，严禁从一台起重机跨越到另一台起重机上。

（4）桥式起重机的步道及机构上不得堆放物品和工具。门式起重机上不得存放物品（图 4-9）。

图 4-9　门式起重机

(5)门式起重机作业前,应确认轨道地基无沉陷,轨道上无障碍物。行走时,应确认两侧驱动同步,发现偏移,必须停车检查、调整。空车行驶时,吊钩应离场面2.5m以上。

(6)开始起吊前,运行线路的地面有人或落放吊装物时,应鸣铃示警。严禁吊物从人员上方越过。吊车行驶时,吊物离周围障碍物的距离必须大于50cm。停歇作业时,必须将吊物放至地面,不得将吊物悬在空中。

(7)两台起重机吊运同一重物时,必须统一指挥,每台起重机的起重量不得超过其额定重量的80%。两台桥式起重机在同一轨道上作业时,两机之间距离应大于3m。严禁用一台起重机顶推另一台起重机。

(8)运行时,不同层高轨道上的起重机错车时,上层起重机应主动避让。

(9)起重机吊装的重物重量接近额定载荷时,应先吊离地面进行试吊,确认吊挂平衡、制动良好、机构正常后,再缓慢提升、运行。严禁同时操作3个控制手柄。

(10)起重机运行时,严禁人员上下和检修设备。

(11)起重机运行中突然停电时,必须将开关手柄放置到“O”位。吊物未放至地面或索具未脱钩前,操作人员不得离开操作室。

(12)门式起重机吊运高大物件时,若妨碍操作人员的视线,应设专人监护和指挥。

(13)停止作业后,必须切断电源,锁紧夹轨器,锁好门窗。

⓭卷扬机

(1)卷扬机作业前应检查地锚的牢固性,并进行空载试验,确认安全后方可作业(图4-10)。

(2)升降作业时,起重钢丝绳、导向滑轮及吊物运动情况都应在操作人员的视线范围内。

图 4-10　卷扬机

(3)严禁超载。双卷筒卷扬机的两个卷筒同时工作时,每个卷筒的起重量不得超过其额定重量的 50%。

(4)载物升降作业时,如无特殊情况不宜紧急制动。如遇停电等特殊情况时,应将重物放至地面,关闭电源。

(5)卷扬机放绳时,卷筒上的钢丝绳必须保留 3 圈以上。排绳混乱时应停机处理。钢丝绳跨路部分应作保护。

(6)严禁用卷扬机牵引吊笼载人升降。作业中严禁跨越钢丝绳。

(7)作业结束以后,垂直运输吊笼必须降至地面,切断电源,锁好电闸箱。

⑭ 电动葫芦

(1)作业前应进行空载试验,运转正常以后方可作业。

(2)作业时吊点应与重物的重心垂线重合,必须垂直起吊。吊物行走时,吊物的高度必须超过地面物体 0.5m 以上,严禁从人员上方通过。吊物不得长时间悬空停留。

(3)作业结束后,应将电葫芦停放在安全位置,升起吊钩,切断电源。

⑮混凝土搅拌运输车

(1)作业前必须进行检查,确认转向、制动、灯光、信号系统灵敏有效,搅拌运输车滚筒和溜槽无裂纹和严重损伤,搅拌叶片磨损在正常范围内,底盘和副车架之间的U形螺栓连接良好。

(2)了解施工要求和现场情况,选择行车路线和停车地点。

(3)在社会道路上行驶必须遵守交通规则。转弯半径应符合使用说明书的要求,时速不大于15km/h,进站时速不大于5km/h。

(4)作业时,严禁用手触摸旋转的滚筒和滚轮。

(5)倒车卸料时,必须服从指挥,注意周围人员,发现异常立即停车。

(6)严禁在高压线下进行清洗作业。

⑯混凝土输送泵车

(1)混凝土输送泵车应停放在平整坚实的地方,支腿底部应用垫木支架平稳,臂架转动范围内不得有障碍物。严禁在高压输电线路下作业。

(2)作业前应进行检查,确认安全。

①搅拌机构工作正常,传动机构应动作准确。

②输送管无裂纹、损坏、变形,输送管道磨损应在规定范围内。

③管道连接处应密封良好。

④料斗筛网完好。

⑤液压系统应工作正常。

⑥仪表、信号指示灯齐全完好,各种手动阀动作灵活、定位可靠。

(3)作业中严禁接长输送管和软管。软管不得在地面拖行。

(4)作业中应严格按顺序打开臂架。风力大于六级(含六级)时严禁作业。

(5)严禁用臂架作为起重工具。

(6)泵送作业中,操作者应注意观察施工作业区域和设备的工作状态。臂架工作范围内不得有人员停留。

(7)作业中严禁扳动液压支腿控制阀。如发现车体倾斜或其他不正常现象时,应立即停止作业,收回臂架检查,待排除故障后再继续作业。

(8)泵送作业时,严禁跨越搅拌料斗。

(9)排除管道堵塞时,应疏散周围的人员。拆卸管道清洗前应采取反抽方法消除输送管道内的压力。拆卸时严禁管口对人。

(10)作业时不得取下料斗格栅网和其他安全装置。不得攀登和骑压输送管道,不得把手伸入阀体内。泵送时严禁拆卸管道。

(11)清洗管道时,操作人员应离开管道出口和弯管接头处。如用压缩空气清洗管道时,管道出口处 10m 内不得有人员和设备。

第三节 高处作业

(1)高处作业的含义和级别划分应符合现行的国家标准《高处作业分级》(GB 3608—2008)的规定。即“凡在坠落高度基准面 2m 以上(含 2m)有可能坠落的高处进行的作业,均称为高处作业。”高处作业高度分别为 2 ~ 5m、5 ~ 15m、15 ~ 30m 及 30m 以上 4 个区段。

(2)悬空高处作业必须设有可靠的安全防护措施(图 4-11)。悬空高处作业包括:在开放型结构上施工,如高处搭设脚手架等;在无防护的边缘上作业;在受限制的高处或不稳定的高处作业;在没有立足点或没有牢靠立足点的地方作业等。

(3)从事高处作业人员要定期或随时体检,发现有不宜登高的病症,不得从事高处作业。严禁酒后登高作业。

(4)高处作业人员不得穿拖鞋或硬底鞋。所需的材料要事先准备齐全,工具应放在工具袋内。

图4-11　高处作业

(5)高处作业所用的梯子不得缺档和垫高,同一架梯子不得两人同时上下,在通道处(或平台)使用梯子应设置围栏。

(6)高处作业与地面练习,应有专人负责,或配有通信设备。

(7)运送人员和物件的各种升降电梯、吊笼,应有可靠的安全装置,严禁乘坐运送物件的吊篮。

第四节　临时用电

一、施工现场临时用电施工组织设计

施工现场临时用电虽然属于暂设,但是不应该有临时观点,应该有正规的电气设计,加强用电安全管理。

❶ 施工现场临时用电施工组织设计内容

(1)现场勘测。

(2)确定电源进线、变电所或配电室、配电装置、用电设备位置及线路走向。

(3)进行负荷计算。

(4)选择变压器。

(5)设计配电系统。

①设计配电线路,选择导线或电缆。

②设计配电装置,选择电器。

③设计接地装置。

④绘制临时用电工程图纸,主要包括用电工程总平面图、配电装置布置图、配电系统接线图、接地装置设计图。

(6)设计防雷装置。

(7)确定防护措施。

(8)制定安全用电措施和电气防火措施。

临时用电工程图纸必须单独绘制,并作为临时用电施工的依据。

❷ 施工现场临时用电施工组织设计范围

按照《施工现场临时用电安全技术规范》(JGJ 46—2005)的规定,临时用电设备在 5 台及 5 台以上或设备总容量在 50kW 及 50kW 以上者,应编制临时用电施工组织设计和制定安全用电技术措施及电气防火措施。

这是施工现场临时用电管理应当遵循的第一项技术原则,不必考虑正式工程的技术内容。

❸ 施工现场临时用电施工组织设计审批

施工现场临时用电施工组织设计审批手续如下:

(1)施工现场临时用电施工组织设计必须由施工单位的电气工程技术人员编制,技术负责人审核。封面上要注明工程名称、施工单位、编制人并加盖单位公章。

(2)施工单位所编制的施工组织设计,必须符合《施工现场临时用电安全技术规范》(JGJ 46—2005)中的有关规定。

(3)临时用电施工组织设计必须在开工前 15 天内报上级主

管部门审核，批准后方可进行临时用电施工。施工时要严格执行审核后的施工组织设计，按图施工。当需要变更施工组织设计时，应补充有关图纸资料，同样需要上报主管部门批准，待批准后，按照修改前、后的临时用电施工组织设计对照施工。

❹ 施工现场临时用电安全技术档案

(1)施工现场临时用电必须建立安全技术档案，并应包括下列内容：

①用电组织设计和修改用电组织设计的资料，是施工现场临时用电的基础技术、安全资料。

②用电技术交底资料，是电气工程技术人员向安装、维修临时用电工程的电工和各种设备用电人员分别贯彻临时用电安全重点的文字资料，主要包括临时用电施工组织设计的总体意图，具体技术内容、安全用电技术措施和电气防火措施等文字资料。

③用电工程检查验收表。

④电气设备的调试、检验凭单和调式记录。

⑤接地电阻、绝缘电阻和漏电保护器漏电动作参数测定记录表。

⑥定期检查表。

⑦电工安装、巡检、维修、拆除工作记录。电工维修工作记录是反映电工日常电气维修工作情况的资料，对改进现场安全用电，预防触电伤害事故有重要意义。

(2)安全技术档案应由主管该现场的电气技术人员负责建立与管理。其中“电工安装、巡检、维修、拆除工作记录”可指定电工代管，每周由项目经理审核认可，并应在临时用电工程拆除后统一归档。

(3)临时用电工程应定期检查。定期检查时，应复查接地电阻值和绝缘电阻值。

(4)临时用电工程定期检查应按分部、分项工程进行,对安全隐患必须及时处理,并应履行复查验收手续。

二、施工现场外电线路防护

❶ 外电线路安全距离

安全距离主要是根据空气间隙的放电性确定的。在施工现场中,安全距离主要是指在建工程(含脚手架)的外侧边缘与外电架空线路的边线之间的最小安全操作距离和施工现场机动车道与外电架空线路交叉时的最小垂直距离,应符合下列要求:

(1)在建工程不得在外电架空线路正下方施工、搭设作业棚、建造生活设施或堆放构件、架具、材料及其他杂物等。

(2)在建工程(含脚手架)的周边与外电架空线路的边线之间的最小安全操作距离应符合表4-1的规定。

最小安全操作距离 表4-1

外电线路电压等级(kV)	<1	1~10	35~110	220	330~500
最小安全操作(m)	4.0	6.0	8.0	10	15

(3)施工现场的机动车道与外电架空线路交叉时,架空线路的最低点与路面的最小垂直距离应符合表4-2的规定。

施工现场的机动车车道与架空线路交叉时的最小垂直距离 表4-2

外电线路电压等级(kV)	<1	1~10	35
最小垂直距离(m)	6.0	7.0	7.0

❷ 外电防护

起重机严禁越过无防护设施的外电架空线路作业。在外电架空线路附近吊装时,起重机的任何部位或被吊物边缘在最大偏斜时与架空线路边线的最小安全距离应符合表4-3的规定。

起重机与架空线路边线的最小安全距离　　表4-3

电压(kV) / 最小安全距离(m)	<1	10	35	110	220	330	500
沿垂直方向	1.5	3.0	4.0	5.0	6.0	7.0	8.5
沿水平方向	1.5	2.0	3.5	4.0	6.0	7.0	8.5

施工现场开挖沟槽边缘与外电埋地电缆沟槽边缘之间的距离不得小于0.5m。在建工程与外电线路无法保证规定的最小安全距离时，为了保证安全，必须采取绝缘隔离防护措施，并应悬挂醒目的警告标志。在外电架空线路附近开挖沟槽时，必须会同有关部门采取加固措施，防止外电架空线路电杆倾斜、悬倒。

架设防护设施时，必须经有关部门批准，采用线路暂时停电或其他可靠的安全技术措施，并应有电气工程技术人员和专职安全人员监护。

防护设施与外电线路之间的安全距离不应小于表4-4所列数值。防护设施应坚固、稳定，且对外电线路的隔离防护应达到IP30级。

防护设施与外电线路之间的最小安全距离　　表4-4

外电线路电压等级(kV)	≤10	35	110	220	330	500
最小安全距离(m)	1.7	2.0	2.5	4.0	5.0	6.0

设置网状栅栏时，如果无法按照表4-5要求的数据搭设时，则应与有关部门协商，采取停电迁移外电线路或改变工程位置等措施，但不得强行施工。

❸ 电气设备防护

(1)电气设备现场周围不得存放易燃易爆物和腐蚀介质，否则应予清除或做防护处置，其防护等级必须与环境条件相适应。

(2)电气设备设置场所应能避免物体打击和机械损伤,否则应做防护处置。

带电体至遮挡、栅栏的安全距离 表4-5

外电线路的额定电压(kV)	1~3	6	10	35	60	110	220	330	500
线路边线至栅栏的安全距离(cm)	95	95	95	115	135	175	265	450	—
线路边线至网状遮拦的安全距离(cm)	30	30	30	50	70	110	190	270	500

三、接地接零与防雷

电气设备的接地接零是防止人身触及绝缘损坏的电气设备所引起的触电事故而采取的技术措施。保护方式是否合理,关系到人身安全,影响到供电系统的正常运行,所以应正确运用接地接零保护。

❶ 接地

接地就是将电气设备的某一可导电部分与大地之间用导体作电气连接。简单地说,电气设备的任何部分与大地土壤间作良好的电气连接,称为接地。

接地主要有工作接地、保护接地、重复接地和防雷接地。

(1)工作接地。在正常或故障情况下,为了保证电气设备能安全工作,必须把电力系统(电网上)某一点(通常为变压器的中性点)接地,称为工作接地。此种接地可采取直接接地或经电阻接地、经电抗接地、经消弧线圈接地。

(2)保护接地。在正常情况下把不带电而在故障情况下可能呈危险状态的对地电压的金属外壳和机械设备的金属构件,用导线和接地体连接起来，称为保护接地。保护接地的接地电阻一般不大于4Ω。

(3)重复接地。中性点直接接地的系统中，除在中性点直接接地以外，为了保证接地的作用和效果，还须在中性线上的一处或多处再作接地，称为重复接地。重复接地电阻应小于10Ω。

(4)防雷接地。防雷装置(避雷针、避雷器、避雷线等)的接地，称为防雷接地。

❷ 接零

电气设备与零线连接称为接零。接零就是把电气设备在正常情况下不带电的金属部分与电网的零线紧密连接，有效地起到保护人身和设备安全的作用。

接零分为工作接零和保护接零。

(1)工作接零：电气设备因运行需要而与工作零线连接称为工作接零。

(2)保护接零：电气设备正常情况不带电的金属外壳和机械设备的金属构架与保护零线连接称为保护接零。条件特别恶劣的施工现场电气设备必须采用保护接零。

❸ 保护接零安全技术采用

(1)采用TN接零保护系统时，下列电气设备不带电的外露可导电部分应做保护接零。

①电动机、变压器、电器、照明器具、手持式电动工具的金属外壳。

②电气设备传动装置的金属部件。

③配电柜与控制柜的金属框架。

④配电装置的金属箱体、框架及靠近带电部分的金属围栏和金属门。

⑤电力线路的金属保护管、敷线的钢索、起重机的底座和轨

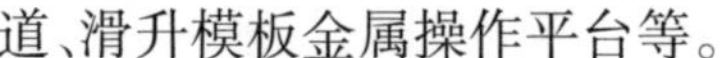

道、滑升模板金属操作平台等。

⑥安装在电力线路杆（塔）上的开关、电容器等电气装置的金属外壳及支架。

（2）城防、人防、隧道等潮湿或条件特别恶劣施工现场的电气设备必须采用保护接零。

（3）在TN接零保护系统中，下列电气设备不带电的外露可导电部分，可不做保护接零。

①在木质、沥青等不良导电地坪的干燥房间内，交流电压380V及以下的电气装置金属外壳（当维修人员可能同时触及电气设备金属外壳和接地金属物件时除外）。

②安装在配电柜、控制柜金属框架和配电箱的金属箱体上，且与其可靠电气连接的电气测量仪表、电流互感器、电器的金属外壳。

（4）保护零线的有关技术要求。

①应单独敷设，重复接地与保护零线相连接。

②施工现场的电力系统严禁利用大地作相线或零线。

③保护零线不得装设开关或熔断器。

④保护零线的统一标志为绿/黄双色线。不准使用绿/黄双色线作负荷线。

⑤保护零线的截面，应不小于工作零线的截面，同时必须满足机械强度要求。保护零线架空敷设的间距大于12m时，保护零线必须选择不小于10mm^{2}绝缘铜线或不小于16mm^{2}的绝缘铝线，与电气设备相连接的保护零线应为截面不小于2.5mm^{2}的绝缘多股铜线。

❹ 接地与接地电阻

（1）单台容量超过100kV · A或使用同一接地装置并联运行且总容量超过100kV · A的电力变压器或发电机的工作接地电阻

值不得大于4Ω。

单台容量不超过100kV·A或使用同一接地装置并联运行且总容量不超过100kV·A的电力变压器或发电机的工作接地电阻值不得大于10Ω。

在土壤电阻率大于1000Ω·m的地区,当达到上述接地电阻值有困难时,工作接地电阻值可提高到30Ω。

(2)TN接零保护系统中的保护零线除必须在配电室或总配电箱处做重复接地外,还必须在配电系统的中间处和末端处做重复接地。

在TN接零保护系统中,保护零线每一处重复接地装置的接地电阻值不应大于10Ω。在工作接地电阻值允许达到10Ω的电力系统中,所有重复接地的等效电阻值不应大于10Ω。

(3)在TN接零保护系统中,严禁将单独敷设的工作零线再做重复接地。

(4)每一接地装置的接地线应采用2根及以上导体,在不同点与接地体做电气连接。

不得采用铝导体做接地体或地下接地线。垂直接地体宜采用角钢、钢管或光面圆钢,不得采用螺纹钢。

接地可利用自然接地体,但应保证其电气连接和热稳定。

(5)移动式发电机供电的用电设备,其金属外壳或底座应与发电机电源的接地装置有可靠的电气连接。

(6)移动式发电机系统接地应符合电力变压器系统接地的要求。下列情况可不另做保护接零:

①移动式发电机和用电设备固定在同一金属支架上,且不供给其他设备用电时;

②不超过2台的用电设备由专用的移动式发电机供电,供、用电设备间距不超过50m,且供、用电设备的金属外壳之间有可靠的电气连接时。

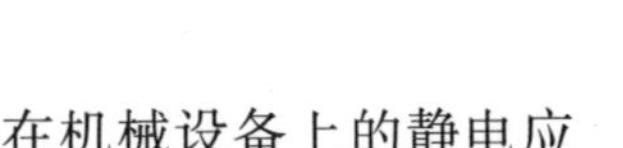

(7)在有静电的施工现场内，对集聚在机械设备上的静电应采取接地泄漏措施。每组专设的静电接地体的接地电阻值不应大于100Ω，高土壤电阻率地区不应大于1000Ω。

❺ 防雷安全技术要求

(1)在土壤电阻率低于200Ω·m区域的电杆可不另设防雷接地装置，但在配电室的架空进线或出线处应将绝缘子铁脚与配电室的接地装置相连接。

(2)施工现场内的起重机、井字架、龙门架等机械设备，以及钢脚手架和正在施工的在建工程等的金属结构，当在相邻建筑物、构筑物等设施的防雷装置接闪器的保护范围以外时，应按表4-6规定安装防雷装置。

施工现场内机械设备及高架设施需安装防雷装置的规定　　表4-6

地区年平均雷暴日(d)	机械设备高度(m)
≤15	≥50
>15，<40	≥32
≥40，<90	≥20
≥90及雷害特别严重地区	≥12

当最高机械设备上避雷针(接闪器)的保护范围能覆盖其他设备，且又最后退出现场，则其他设备可不设防雷装置。

(3)机械设备或设施的防雷引下线可利用该设备或设施的金属结构体，但应保证电气连接。

(4)机械设备上的避雷针(接闪器)长度应为1～2m。塔式起重机可不另设避雷针(接闪器)。

(5)安装避雷针(接闪器)的机械设备，所用固定的动力、控制、照明、信号及通信线路，宜采用钢管敷设。钢管与该机械设备的金属结构体应做电气连接。

(6)施工现场内所用防雷装置的冲击接地电阻值不得大于30Ω。

(7)做防雷接地机械上的电气设备,所连接的PE线必须同时做重复接地,同一台机械电气设备的重复接地和机械的防雷接地可共用同一接地体,但接地电阻应符合重复接地电阻值的要求。

四、配电室及自备电源

❶ 配电室安全技术

(1)配电室应靠近电源,并应设在灰尘少、潮气少、振动小、无腐蚀介质、无易燃易爆物及道路畅通的地方,应尽量靠近负荷中心,以减少线路长度和导线的截面积,提高配电质量,使配电线路清晰,便于维护。

(2)成列的配电柜和控制柜两端应与重复接地线及保护零线做电气连接。

(3)配电室和控制室应能自然通风,并应采取防止雨雪侵入和动物进入的措施。

(4)配电室布置应符合下列要求:

①配电柜正面的操作通道宽度,单列布置或双列背对背布置不小于1.5m,双列面对面布置不小于2m。

②配电柜后面的维护通道宽度,单列布置或双列面对面布置不小于0.8m,双列背对背布置不小于1.5m,个别地点有建筑物结构凸出的地方,则此点通道宽度可减少0.2m。

③配电柜侧面的维护通道宽度不小于1m。

④配电室的顶棚与地面的距离不低于3m。

⑤配电室内设置值班或检修室时,该室边缘距配电柜的水平距离大于1m,并采取屏障隔离。

⑥配电室内的裸母线与地面垂直距离小于2.5m时，采用遮栏隔离，遮栏下面通道的高度不小于1.9m。

⑦配电室围栏上端与其正上方带电部分的净距不小于0.075m。

⑧配电装置的上端距项棚不小于0.5m。

⑨配电室内的母线涂刷有色油漆，以标志相序；以柜正面方向为基准，其涂色应符合表4-7的规定。

母线涂色 表4-7

相 别	颜 色	垂直排列	水平排列	引下排列
L_1(A)	黄	上	后	左
L_2(B)	绿	中	中	中
L_3(C)	红	下	前	右
N	淡蓝	—	—	—

⑩配电室的建筑物和构筑物的耐火等级不低于3级，室内配置沙箱和可用于扑灭电器火灾的灭火器。

⑪配电室的门向外开，并配锁。

⑫配电室的照明分别设置正常照明和事故照明。

(5)配电屏(盘)应装有功、无功电度表，并应分路装设电流、电压表，装设短路、过负荷保护装置和漏电保护器，其各配电线路应编号，并标明用途标记。配电室应保持整洁，不得堆放任何妨碍操作、维修的杂物，维修时应悬挂停电标志牌。停送电必须由专人负责。

❷ 230/400V 自备发电机组安全技术

(1)发电机组及其控制、配电、修理室等可分开设置；在保证电气安全距离和满足防火要求情况下可合并设置。

(2)发电机组的排烟管道必须伸出室外。发电机组及其控制、配电室内必须配置可用于扑灭电气火灾的灭火器,严禁存放贮油桶。

(3)发电机组电源必须与外电线路电源连锁,严禁并列运行。

(4)发电机组应采用电源中性点直接接地的三相四线制供电系统和独立设置 TN-S 接零保护系统。其工作接地电阻值应符合相关要求。

(5)发电机控制屏宜装设下列仪表:

①交流电压表;

②交流电流表;

③有功功率表;

④电度表;

⑤功率因数表;

⑥频率表;

⑦直流电流表。

(6)发电机供电系统应设置电源隔离开关及短路、过载、漏电保护电器。

(7)发电机组并列运行时,必须装设同步装置,并在机组同步运行后再向负载供电。

五、施工现场配电线路

施工现场配电线路包括室内线路和室外线路。室内线路有绝缘导线和电缆的明敷设和暗敷设;室外线路主要有绝缘导线架空敷设和绝缘电缆埋地敷设两种,也有电缆线架空明敷设的。

❶ 空线路安全技术

架空线路由导线、绝缘子、横担及电杆等组成。

(1)架空线必须采用绝缘导线。

(2)架空线必须架设在专用电杆上,严禁架设在树木、脚手架及其他设施上,且严禁成束架设,其档距不得大于35m,线间距不小于0.3m,靠近电杆的两导线的间距不得小于0.5m。

(3)架空线在一个档距内,每层导线的接头数不得超过该层导线条数的50%,且一条导线应只有一个接头。在跨越铁路、公路、河流、电力线路档距内,架空线不得有接头。

(4)架空线路相序排列应符合下列规定:

①动力、照明线在同一横担上架设时,导线相序排列是:面向负荷从左侧起依次为L_1、N、L_2、L_3。

②动力、照明线在二层横担上分别架设时,导线相序排列是:上层横扭面向负荷从左侧起依次为L_1、L_2、L_3;下层横担面向负荷从左侧起依次为L_1,(L_2、L_3)、N、PE。

(5)架空线导线截面的选择应符合下列要求:

①导线中的计算负荷电流不大于其长期连续负荷允许载流量。

②线路末端电压偏移不大于其额定电压的5%。

③三相四线制线路的N线和PE线截面不小于相线截面的50%,单相线路的零线截面与相线截面相同。

④按机械强度要求,绝缘铜线截面不小于$10mm^2$,绝缘铝线截面不小于$16mm^2$。

⑤在跨越铁路、公路、河流、电力线路档距内,绝缘铜线截面不小于$16mm^2$,绝缘铝线截面不小于$25mm^2$。

(6)架空线路横担间的最小垂直距离不得小于表4-8所列数值;横担宜采用角钢或方木,低压铁横担角钢应按表4-9选用,方木横担截面应按80mm×80mm选用;横担长度应按表4-10选用。

(7)架空线路与邻近线路或固定物的距离应符合表4-11的规定。

横担间的最小垂直距离 表 4-8

排 列 方 式	直线杆(m)	分支或转角杆(m)
高压与低压	1.2	1.0
低压与低压	0.6	0.3

低压铁横担角钢选用 表 4-9

导线截面 (mm^2)	直 线 杆	分支或转角杆	
		二线及三线	四线及以上
16 25 35 50	∟50×5	2×∟50×5	2×∟63×5
70 95 120	∟63×5	2×∟63×5	2×∟70×6

横 担 长 度 表 4-10

二线(m)	三线、四线(m)	五线(m)
0.7	1.5	1.8

(8)架空线路宜采用钢筋混凝土杆或木杆。钢筋混凝土杆不得有露筋、宽度大于 0.4mm 的裂纹和扭曲;木杆不得腐朽,其梢径不应小于 140mm。

(9)电杆埋设深度宜为杆长的 1/10 加 0.6m,回填土应分层夯实。在松软土质处宜加大埋入深度或采用卡盘等加固。

(10)直线杆和 15°以下的转角杆,可采用单横担单绝缘子,但跨越机动车道时应采用单横担双绝缘子;15°~45°的转角杆应采用双横担双绝缘子;45°以上的转角杆,应采用十字横担。

架空线路与邻近线路或固定物的距离　　表 4-11

<table>
<tr><td>项　目</td><td colspan="7">距离类别</td></tr>
<tr><td rowspan="2">最小净空距离(m)</td><td>架空线路的过引线、接下线与邻线</td><td colspan="3">架空线与架空线电杆外缘</td><td colspan="3">架空线与摆动最大时树梢</td></tr>
<tr><td>0.13</td><td colspan="3">0.05</td><td colspan="3">0.50</td></tr>
<tr><td rowspan="3">最小垂直距离(m)</td><td rowspan="2">架空线同杆架设下方的通信、广播线路</td><td colspan="3">架空线最大弧垂与地面</td><td rowspan="2">架空线最大弧垂与暂设工程顶端</td><td colspan="2">架空线与邻近电力线路交叉</td></tr>
<tr><td>施工现场</td><td>机动车道</td><td>铁路轨道</td><td>1kV以下</td><td>1 ~ 10kV</td></tr>
<tr><td>1.0</td><td>4.0</td><td>6.0</td><td>7.5</td><td>2.5</td><td>1.2</td><td>2.5</td></tr>
<tr><td rowspan="2">最小水平距离(m)</td><td>架空线电杆与路基边缘</td><td colspan="3">架空线电杆与铁路轨道边缘</td><td colspan="3">架空线边线与建筑物凸出部分</td></tr>
<tr><td>1.0</td><td colspan="3">杆高 +3.0</td><td colspan="3">1.0</td></tr>
</table>

(11)架空线路绝缘子应按下列原则选择：

①直线杆采用针式绝缘子。

②耐张杆采用蝶式绝缘子。

(12)电杆的拉线宜采用不少于 3 根 D4.0mm 的镀锌钢丝。拉线与电杆的夹角应在 30° ~ 45°之间。拉线埋设深度不得小于 1m。电杆拉线如从导线之间穿过,应在高于地面 2.5m 处装设拉线绝缘子。

(13)接户线在档距内不得有接头,进线处离地高度不得小于 2.5m。接户线最小截面应符合表 4-12 的规定。接户线线路间及与邻近线路间的距离应符合表 4-13 的要求。

(14)因受地形环境限制不使装设拉线时,可采用撑杆代替拉线。撑杆埋没深度不得小于 0.8m,其底部应垫底盘或石块。撑杆与电杆的夹角宜为 30°。

接户线的最小截面　　表 4-12

接户线架设方式	接户线长度（m）	接户线截面（mm^2）	
		铜线	铝线
架空或沿墙敷设	10～25	6.0	10.0
	≤10	4.0	6.0

接户线线间及与邻近线路间的距离　　表 4-13

接户线架设方式	接户线档距（m）	接户线线间距离（mm）
架空敷设	≤25	150
	>25	200
沿墙敷设	≤6	100
	>6	150
架空接户线与广播电话线交叉时的距离（mm）		接户线在上部,600 接户线在下部,300
架空或沿墙敷设的接户线零线和相线交叉时的距离（mm）		100

（15）架空线路必须有短路保护。

①采用熔断器做短路保护时,其熔体额定电流不应大于明敷绝缘导线长期连续负荷允许载流量的 1.5 倍。

②采用断路器做短路保护时,其瞬动过流脱扣器脱扣电流整定值应小于线路末端单相短路电流。

（16）架空线路必须有过载保护。

采用熔断器或断路器做过载保护时,绝缘导线长期连续负荷允许载流量不应小于熔断器熔体额定电流或断路器长延时过流脱扣器脱扣电流整定值的 1.25 倍。

❷ 电缆线路安全技术

（1）一般规定。

①电缆中必须包含全部工作芯线和用作保护零线或保护线的芯线。需要三相四线制配电的电缆线路必须采用五芯电缆。

五芯电缆必须包含淡蓝、绿/黄两种颜色绝缘芯线。淡蓝色芯线必须用做 N 线;绿/黄双色芯线必须用做 PE 线,严禁混用。

②电缆线路应采用埋地或架空敷设,严禁沿地面明敷设,避免机械损伤和介质腐蚀。埋地电缆路径应设方位标志。

(2)埋地敷设。

①电缆类型应根据敷设方式、环境条件选择。埋地敷设宜选用铠装电缆,并能防水、防腐。

②电缆直接埋地敷设的深度不应小于 0.7m,并应在电缆紧邻上、下、左、右侧均匀敷设不小于 50mm 厚的细砂,然后覆盖砖或混凝土板等硬质保护层。

③埋地电缆在穿越建筑物、构筑物、道路,易受机械损伤、介质腐蚀场所及引出地面从 2.0m 高到地下 0.2m 处,必须加设防护套管,防护套管内径不应小于电缆外径的 1.5 倍。

④埋地电缆与其附近外电电缆和管沟的平行间距不得小于 2m,交叉间距不得小于 1m。

⑤埋地电缆的接头应设在地面上的接线盒内。接线盒应能防水、防尘、防机械损伤,并应远离易燃、易爆、易腐蚀场所。

(3)架空敷设。

①架空敷设宜选用无铠装电缆。

②架空电缆应沿电杆、支架或墙壁敷设,并采用绝缘子固定,绑扎线必须采用绝缘线,固定点间距应保证电缆能承受自重所带来的荷载,但沿墙壁敷设时最大弧垂距地不得小于 2.0m。

③架空电缆严禁沿脚手架、树木或其他设施敷设。

④在建工程内的电缆线路必须采用电缆埋地引入,严禁穿越脚手架引入。电缆垂直敷设应充分利用在建工程的竖井、垂直孔洞等,并宜靠近用电负荷中心,固定点每楼层不得少于一处。电缆水平敷设宜沿墙或门口刚性固定,最大弧垂距地不得小于 2.0m。

⑤电缆线路必须有短路保护和过载保护，短路保护和过载保护电器与电缆的选配应符合架空线路的要求。

(4)室内配线。

①室内配线必须采用绝缘导线或电缆。

②室内配线应根据配线类型采用瓷瓶、瓷(塑料)夹、嵌绝缘槽、穿管或钢索敷设。

潮湿场所或埋地非电缆配线必须穿管敷设，管口和管接头应密封；当采用金属管敷设时，金属管必须做等电位连接，且必须与PE线相连接。

③室内非埋地明敷主干线距地面高度不得小于2.5m。

④架空进户线的室外端应采用绝缘子固定，过墙处应穿管保护，距地面高度不得小于2.5m，并应采取防雨措施。

⑤室内配线所用导线或电缆的截面应根据用电设备或线路的计算负荷确定，但铜线截面不应小于1.5mm^2，铝线截面不应小于2.5mm^2。

⑥钢索配线的吊架间距不宜大于12m。采用瓷夹固定导线时，导线间距不应小于35mm，瓷夹间距不应大于800mm；采用瓷瓶固定导线时，导线间距不应小于100mm，瓷瓶间距不应大于1.5m；采用护套绝缘导线或电缆时，可直接敷设于钢索上。

⑦室内配线必须有短路保护和过载保护，短路保护和过载保护电器与绝缘导线、电缆的选配应符合架空线路的要求。对穿管敷设的绝缘导线线路，其短路保护熔断器的熔体额定电流不应大于穿管绝缘导线长期连续负荷允许载流量的2.5倍。

六、施工照明

❶ 基本要求

(1)在坑、洞、井内作业，夜间施工或厂房、道路、仓库、办公

室、食堂、宿舍、料具堆放场及自然采光差等场所,应设一般照明、局部照明或混合照明。

在一个工作场所内,不得只设局部照明。

停电后,操作人员需及时撤离的施工现场,必须装设自备电源的应急照明。

(2)现场照明应采用高光效、长寿命的照明光源。对需大面积照明的场所,应采用高压汞灯、高压钠灯和混光灯、卤钨灯等。

(3)照明器的选择必须按下列环境条件确定:

①正常湿度一般场所,选用开启式照明器;

②潮湿或特别潮湿场所,选用密闭型防水照明器或配有防水灯头的开启式照明器;

③含有大量尘埃但无爆炸和火灾危险的场所,选用防尘型照明器;

④有爆炸和火灾危险的场所,按危险场所等级选用防爆型照明器;

⑤存在较强振动的场所,选用防振型照明器;

⑥有酸碱等强腐蚀介质场所,选用耐酸碱型照明器。

(4)照明器具和器材的质量应符合国家现行有关强制性标准的规定,不得使用绝缘老化或破损的器具和器材。

(5)无自然采光的地下空间施工场所,应编制单项照明用电方案。

❷ 照明供电安全技术

(1)一般场所宜选用额定电压为220V的照明器。

(2)下列特殊场所应使用安全特低电压照明器:

①隧道、人防工程、高温、有导电灰尘、比较潮湿或灯具离地面高度低于2.5m等场所的照明,电源电压不应大于36V;

②潮湿和易触及带电体场所的照明,电源电压不得大于24V;

③特别潮湿场所、导电良好的地面、锅炉或金属容器内的照明，电源电压不得大于12V。

（3）使用行灯时电源电压不大于36V，灯头、灯体、手柄应相互结合牢固，灯头无开关，绝缘良好并耐热耐潮湿。灯泡外部有金属网、反光罩，悬吊挂钩固定在灯具的绝缘部位。

（4）远离电源的小面积工作场地、道路照明、警卫照明或额定电压为12～36V照明的场所，其电压允许偏移值为额定电压值的－10%～5%；其余场所电压允许偏移值为额定电压值的±5%。

（5）照明变压器必须使用双绕组型安全隔离变压器，严禁使用自耦变压器。

（6）照明系统宜使三相负荷平衡，其中每一单相回路上，灯具和插座数量不宜超过25个，负荷电流不宜超过15A。

（7）携带式变压器的一次侧电源线应采用橡皮护套或塑料护套铜芯软电缆，中间不得有接头，长度不宜超过3m，其中绿/黄双色线只可作PE线使用，电源插销应有保护触头。

（8）工作零线截面应按下列规定选择：

①单相二线及二相二线线路中，零线截面与相线截面相同；

②三相四线制线路中，当照明器为白炽灯时，零线截面不小于相线截面的50%；当照明器为气体放电灯时，零线截面按最大负载相的电流选择；

③在逐相切断的三相照明电路中，零线截面与最大负载相线截面相同。

❸ 照明装置安全技术

（1）照明灯具的金属外壳必须与PE线相连接，照明开关箱内必须装设隔离开关、短路与过载保护电器和漏电保护器，并应符合相关规定。

（2）室外220V灯具距地面不得低于3m，室内220V灯具距地面不得低于2.5m。

普通灯具与易燃物距离不宜小于300mm；聚光灯、碘钨灯等高热灯具与易燃物距离不宜小于500mm，且不得直接照射易燃物。达不到规定安全距离时，应采取隔热措施。

(3)路灯的每个灯具应单独装设熔断器保护。灯头线应做防水弯。

(4)荧光灯管应采用管座固定或用吊链悬挂。荧光灯的镇流器不得安装在易燃的结构物上。

(5)碘钨灯及钠、铊、铟等金属卤化物灯具的安装高度宜在3m以上，灯线应固定在接线柱上，不得靠近灯具表面。

(6)投光灯的底座应安装牢固，应按需要的光轴方向将枢轴拧紧固定。

(7)螺口灯头及其接线应符合下列要求：

①灯头的绝缘外壳无损伤、无漏电；

②相线接在与中心触头相连的一端，零线接在与螺纹口相连的一端。

(8)灯具内的接线必须牢固，灯具外的接线必须做可靠的防水绝缘包扎。

(9)暂设工程的照明灯具宜采用拉线开关控制，开关安装位置宜符合下列要求：

①拉线开关距地面高度为2～3m，与出入口的水平距离为0.15～0.2m，拉线的出口向下；

②其他开关距地面高度为1.3m，与出入口的水平距离为0.15～0.2m。

(10)灯具的相线必须经开关控制，不得将相线直接引入灯具。

(11)对夜间影响飞机或车辆通行的在建工程及机械设备，必须设置醒目的红色信号灯，其电源应设在施工现场总电源开关的前侧，并应设置外电线路停止供电时的应急自备电源。

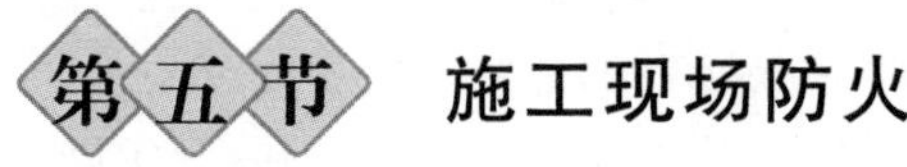

第五节　施工现场防火

❶ 防火防爆安全要求

（1）重点工程应编制防火防爆技术措施并履行报批手续，一般工程在拟定施工组织设计的同时，要拟定现场防火防爆措施。

（2）施工现场按规定配置消防器材、设施和用品，并建立消防组织。施工现场明确划定用火和禁火区域，并设置明显安全标志。

（3）现场动火作业必须履行审批制度，动火操作人员必须经考试合格持证上岗。

（4）建立防火防爆知识宣传教育制度。组织施工人员认真学习《中华人民共和国消防条例》和公安部《关于工地防火的基本措施》，教育参加施工的全体职工认真贯彻执行消防法规，增强全员的法律意识。

（5）建立定期消防技能培训制度。定期对职工进行消防技能培训，使所有施工人员都懂得基本防火防爆知识，掌握安全技术，能熟练使用工地上配备的防火防爆器具，能掌握正确的灭火方法。

（6）建立现场明火管理制度。施工现场未经主管领导批准，任何人不准擅自动用明火。从事电、气焊的作业人员要持证上岗（用火证），在批准的范围内作业。要从技术上采取安全措施，消除火源。

（7）存放易燃易爆材料的库房要建立严格管理制度。现场的临建设施和仓库要严格管理，存放易燃液体和易燃易爆材料的库房，要设置专门的防火防爆设备，采取消除静电等防火防爆措施，防止火灾、爆炸等恶性事故的发生。

(8)建立定期防火检查制度。定期检查施工现场设置的消防器具、存放易燃易爆材料的库房、施工重点防火部位和重点工种的施工操作,不合格者责令整改,及时消除火灾隐患。

❷ 施工现场消防器材管理

(1)各种消防梯经常保持完整完好。

(2)水枪经常检查,保持开关灵活、喷嘴畅通,附件齐全无锈蚀。

(3)水带充水后防骤然折弯,不被油类污染,用后清洗晾干,收藏时应单层卷起,竖放在架上。

(4)各种管接口和扪盖应接装灵便、松紧适度、无泄漏,不得与酸、碱等化学品混放,使用时不得摔压。

(5)消火栓按室内、室外(地上、地下)的不同要求定期进行检查并及时加注润滑油,消火栓井应经常清理,冬季采用防冻措施。

(6)工地设有火灾探测和自动报警灭火系统时,应由专人管理,保持处于完好状态。

❸ 施工现场重点部位防火安全技术要求

(1)料场仓库。

①易着火的仓库应设在工地下风方向、水源充足和消防车能驶到的地方。

②易燃露天仓库四周应有 6m 宽平坦空地的消防通道,禁止堆放障碍物。

③贮存量大的易燃仓库应设两个以上的大门,并将堆放区与有明火的生活区、生活辅助区分开布置,至少应保持 30m 防火距离,有飞火的烟囱应布置在仓库的下风方向。

④易燃仓库和堆料场应分组设置堆垛,堆垛之间应有 3m 宽

的消防通道，每个堆垛的面积：木材（板材）不得大于 $300m^2$；稻草不得大于 $150m^2$；锯木不得大于 $200m^2$。

⑤库存物品应分类分堆贮存编号，对危险物品应加强入库检验，易燃易爆物品应使用不发火的工具设备搬运和装卸。

⑥库房内防火设施齐全，应分组布置种类适合的灭火器，每组不少于 4 个，组间距不大于 30m，重点防火区应每 $25m^2$ 布置 1 个灭火器。

⑦库房内严禁使用碘钨灯，电气线路和照明应符合安全规定。

⑧易燃材料堆垛应保持通风良好，应经常检查其温度、湿度，防止自燃起火。

⑨拖拉机不得进入仓库和料场进行装卸作业，其他车辆进入易燃料场仓库时，应安装符合要求的火星熄灭器。

⑩露天油桶堆放应有醒目的禁火标志和防火防爆措施，润滑油桶应双行并列卧放，桶底相对，桶口朝外，出口向上，轻质油桶应与地面成 75°鱼鳞相靠式斜放，各堆之间应保持防火安全距离。

(2)乙炔站。

①乙炔属于甲类易燃易爆物品，乙炔站的建筑物应采月一、二级耐火等级，一般应为单层建筑，与有明火的操作场所应保持 30 ~ 50m 间距。

②乙炔站泄压面积与乙炔站容积的比值应采用 0.05 ~ $0.22m^2/m^3$。房间和乙炔发生器操作平台应有安全出口，应安装百叶窗和出气口，门应向外开启。

③乙炔房与其他建筑物和临时设施的防火间距，应符合《建筑设计防火规范》(GB 50016)的要求。

④乙炔房宜采用不发生火花的地面，金属平台应铺设橡皮垫层。

⑤有乙炔爆炸危险的房间与无爆炸危险的房间(更衣室、值

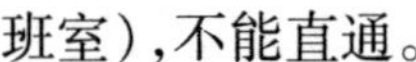

班室)，不能直通。

⑥乙炔生产的下水道系统应设水封井，以防止乙炔在爆炸燃烧时扩大蔓延。

⑦乙炔生产厂房应采用防爆型的电器设备，并在顶部开自然通风窗口。

⑧操作人员不应穿着带铁钉的鞋及易产生静电的服装。

(3)电石库。

①电石库属于甲类物品储存仓库。电石库的建筑应采用一、二级耐火等级。

②电石库应建在长年风向的下风方向，与其他建筑及临时设施的防火间距，应符合《建筑设计防火规范》(GB 50016)的要求。

③电石库不应建在低洼处，库内地面应高于库外地面20cm，同时不能采用易发火花的地面，可用木板或橡胶等铺垫。

④电石库应保持干燥、通风，不漏雨水。

⑤电石库的照明设备应采用防爆型，应使用不易产生火花型的开启工具。

⑥电石渣及粉末应随时进行清扫。

(4)油漆料库和调料间。

①油漆料库与调料间应分开设置，油漆料库和调料间应与散发火花的场所保持一定的防火间距。

②性质相抵触、灭火方法不同的品种，应分库存放。

③涂料和稀释剂的存放和管理，应符合《仓库防火安全管理规则》的要求。

④调料间应有良好的通风，并应采用防爆电器设备，室内禁止一切火源，调料间不能兼做更衣室和休息室。

⑤调料人员应穿不易产生静电的工作服，不带钉子的鞋。使用开启涂料和稀释剂包装的工具，应采用不易产生火花型的工具。

⑥调料人员应严格遵守操作规程，调料间内不应存放超过当日加工所用的原料。

(5)木工操作间。

①操作间建筑应采用阻燃材料搭建。

②操作间冬季宜采用暖气（水暖）供暖，如用火炉取暖时，必须在四周采取挡火措施；不燃烧劈柴、刨花代煤取暖。每个火炉都要有专人负责，下班时要将余火彻底熄灭。

③电气设备的安装要符合要求。抛光、电锯等部位的电气设备应采用密封式或防爆式、锯末较多部位的电动机，应安装防尘罩。

④操作间内严禁吸烟和用明火作业。

⑤操作间只能存放当班的用料，成品及半成品要及时运走。木工应做到活完场地清，刨花、锯末每班都打扫干净，倒在指定地点。

(6)喷灯作业现场。实践证明，如选择不好安全用火的作业地点，不认真检查清理作业现场的易燃、可燃物，不采取隔热、降温、熄灭火星、冷却熔珠等安全措施，喷灯作业现场极易造成人员伤亡和火灾事故。因此，对喷灯作业的现场，务必加强防火安全管理，落实防火措施。

①作业开始前，要将作业现场下方和周围的易燃、可燃物清理干净，清除不了的易燃、可燃物要采取浇湿、隔离等可靠的安全措施。作业结束时，要认真检查现场，在确认无余热引起燃烧危险时，才能离开。

②在相互连接的金属工件上使用喷灯烘烤时，要防止由于热传导作用，将靠近金属工件上的易燃、可燃物烤着引起火灾。喷灯火焰与带电导线的距离是：10kV 及以下的为 1.5m；20 ~ 35kV 的为 3m；110kV 及以上的为 5m，并应用石棉布等绝缘隔热材料将绝缘层、绝缘油等可燃物遮盖，防止烤着。

③电话电缆，常常需要干燥芯线。干燥芯线时严禁用喷灯直接烘烤，应在蜡中去潮，熔蜡不应在工程车上进行，烘烤蜡锅的喷灯周围应设三面挡风板，控制温度不要过高。熔蜡时，容器内放入的蜡不要超过容积的3/4，防止熔蜡渗漏，避免蜡液外溢遇火燃烧。

④在易燃易爆场所或在其他禁火的区域使用喷灯烘烤时，事先必须制定相应的防火、灭火方案，办理动火审批手续，未经批准不得动用喷灯烘烤。

⑤作业现场要准备一定数量的灭火器材，一旦起火便能及时扑灭。

❹ 施工现场重点工种防火安全技术要求

(1)一般要求。

①从事电焊、气割的操作人员，必须进行专门培训，掌握焊割的安全技术、操作规程，经过考试合格，取得操作合格证后方准操作。操作时应持证上岗。徒工学习期间，不能单独操作，必须在师傅的监护下进行操作。

②严格执行用火审批程序和制度。操作前必须办理用火申请手续，经本单位领导同意和消防保卫或安全技术部门检查批准，领取用火许可证后方可进行操作。

③用火审批人员要认真负责，严格把关。审批前要深入用火地点查看，确认无火险隐患后再行审批。批准用火应采取定时(时间)、定位(层、段、档)、定人(操作人、看火人)、定措施(应采取的具体防火措施)，部位变动或仍需继续操作，应事先更换用火证。用火证只限当日由本人使用，并要随身携带，以备消防保卫人员检查。

④进行电焊、气割前，应由施工员或班组长向操作、看火人员进行消防安全技术措施交底，任何领导不能以任何借口纵容电

焊、气焊工人进行冒险操作。

⑤装过或有易燃、可燃液体、气体及化学危险物品的容器、管道和设备，在未彻底清洗干净前，不得进行焊割。

⑥严禁在有可燃蒸汽、气体、粉尘或禁止明火的危险性场所焊割。在这些场所附近进行焊割时，应按有关规定，保持一定的防火距离。

⑦遇有五级以上大风气候时，施工现场的高空和露天焊割作业应停止。

⑧领导及生产技术人员，要合理安排工艺和编排施工进度程序，在有可燃材料保温的部位，不准进行焊割作业。必要时，应在工艺安排和施工方法上采取严格的防火措施。焊割作业不准与油漆、喷漆、脱漆、木工等易燃操作同时间、同部位上下交叉作业。

⑨焊割结束或离开操作现场时，必须切断电源、气源。赤热的焊嘴、焊钳以及焊条头等，禁止放在易燃、易爆物品和可燃物上。

⑩禁止使用不合格的焊割工具和设备。电焊的导线不能与装有气体的气瓶接触，也不能与气焊的软管或气体的导管放在一起。焊把线和气焊的软管不得从生产、使用、储存易燃、易爆物品的场所或部位穿过。

⑪焊割现场必须配备灭火器材，危险性较大的应有专人现场监护。

(2)电焊工防火安全控制要点。

①电焊工在操作前，要严格检查所用工具(包括电焊机设备、线路敷设、电缆线的接点等)，使用的工具均应符合标准，保持完好状态。

②电焊机应有单独开关，装在防火、防雨的闸箱内，电焊机应设防雨棚(罩)。开关的熔断丝容量应为该机的1.5倍。熔断丝不准用铜丝或铁丝代替。

③焊割部位必须与氧气瓶、乙炔瓶、乙炔发生器及各种易燃、可燃材料隔离，两瓶之间距不得小于5m，与明火之间不得小于10m。

④电焊机必须设有专用接地线，直接放在焊件上，接地线不准接在建筑物、机械设备、各种管道、避雷引下线和金属架上借路使用，防止接触火花，造成起火事故。

⑤电焊机一、二次线应用线鼻子压接牢固，同时应加装防护罩，防止松动、短路放弧，引燃可燃物。

⑥严格执行防火规定和操作规程，操作时采取相应的防火措施，与看火人员密切配合，防止引起火灾。

(3)气焊工防火安全控制要点。

①乙炔发生器、乙炔瓶、氧气瓶和焊割具的安全设备必须齐全有效。

②乙炔发生器、乙炔瓶、液化石油气罐和氧气瓶在新建、维修工程内存放，应设置专用房间单独分开存放并有专人管理，要有灭火器材和防火标志。

③乙炔发生器和乙炔瓶等与氧气瓶应保持距离。在乙炔发生器旁严禁一切火源。夜间添加电石时，应使用防爆手电筒照明，禁止用明火照明。

④乙炔发生器、乙炔瓶和氧气瓶不准放在高低压架空线路下方或变压器旁。在高空焊割时，也不要放在焊割部位的下方，应保持一定的水平距离。

⑤乙炔瓶氧气瓶应直立使用，禁止平放卧倒使用，以防止油类落在氧气瓶上；油脂或沾油的物品，不要接触氧气瓶、导管及其零部件。

⑥氧气瓶、乙炔瓶严禁暴晒、撞击，防止受热膨胀。开启阀门时要缓慢，防止升压过速产生高温、产生火花引起爆炸和火灾。

⑦乙炔发生器、回火阻止器及导管发生冻结时，只能用蒸汽、

热水等解冻，严禁使用火烤或金属敲打。测定气体导管及其分配装置有无漏气现象时，应用气体探测仪或用肥皂水等简单方法测试，严禁用明火测试。

⑧操作乙炔发生器和电石桶时，应使用不产生火花的工具，在乙炔发生器上不能装有纯铜的配件。加入乙炔发生器的水，不能混有油脂，以免油脂与氧气接触发生反应，引起燃烧或爆炸。

⑨防爆膜失去作用后，要按照规定规格型号进行更换，严禁任意更换防爆膜的规格、型号，禁止使用胶皮等代替防爆膜。浮桶式乙炔发生器上面不准堆压其他物品。

⑩焊割时要严格执行操作规程和程序。焊割操作时先开乙炔气点燃，然后再开氧气进行调火。操作完毕时按相反程序关闭。瓶内气体不能用尽，必须留有余气。

(4)油漆工防火安全控制要点。

①喷漆、涂漆的场所应有良好的通风，防止形成爆炸极限浓度，引起火灾或爆炸。

②喷漆、涂漆的场所内禁止一切火源，应采用防爆的电器设备。

③禁止与焊工同时间、同部位的上下交叉作业。

④油漆工不能穿易产生静电的工作服。接触涂料、稀释剂的工具应采用防火花型的。

⑤浸有涂料、稀释剂的破布、纱团、手套和工作服等，应及时清理，不能随意堆放，防止因化学反应而生热，发生自燃。

⑥对使用中能分解、发热自燃的物料，要妥善管理。

⑦油漆料库和调料间的防火要求。

(5)木工防火安全控制要点。

①严格遵守操作规程，对旧木料一定要经过检查，起出铁钉等金属后，方可上锯锯料。

②配电盘、刀闸下方不能堆放成品、半成品及废料。

③工作完毕应拉闸断电，并经检查确无火险后方可离开。

(6)电工防火安全控制要点。

①电工应经过专门培训，掌握安装与维修的安全技术，并经过考试合格后，方准独立操作。

②施工现场暂设线路、电气设备的安装与维修应执行《施工现场临时用电安全技术规范》(JGJ 46)的规定。

③新设、增设的电气设备，必须由主管部门或人员检查合格后，方可通电使用。

④各种电气设备或线路，不应超过安全负荷，并要牢靠、绝缘良好和安装合格的保险设备，严禁用铜丝、铁丝等代替熔断丝。

⑤放置及使用易燃液体、气体的场所，应采用防爆型电气设备及照明灯具。

⑥定期检查电气设备的绝缘电阻是否符合“不低于 1kΩ/V(如对地 220V 绝缘电阻应不低于 0.22MΩ)”的规定，发现隐患，应及时排除。

⑦不可用纸、布或其他可燃材料做无骨架的灯罩，灯泡距可燃物应保持一定距离。

⑧变(配)电室应保持清洁、干燥。变电室要有良好的通风。配电室内禁止吸烟、生火及保存与配电无关的物品(如食物等)。

⑨施工现场严禁私自使用电炉、电热器具。

⑩当电线穿过墙壁、苇蔗或与其他物体接触时，应当在电线上套有磁管等非燃材料加以隔绝。

⑪电气设备和线路应经常检查，发现可能引起火花、短路、发热和绝缘损坏等情况时，必须立即修理。

⑫各种机械设备的电闸箱内，必须保持清洁，不得存放其他物品，电闸箱应配锁。

⑬电气设备应安装在干燥处，各种电气设备应有妥善的防雨、防潮设施。

⑭每年雨季前要检查避雷装置，避雷针接点要牢固，电阻不应大于 10Ω。

(7)熬炼工防火安全控制要点。

①熬沥青灶应设在工程的下风方向，不得设在电线垂直下方，距离新建工程、料场、库房和临时工棚等应在 25m 以外。现场窄小的工地有困难时，应采取相应的防火措施或尽量采用冷防水施工工艺。

②沥青锅灶必须坚固、无裂缝，靠近火门上部的锅台，应砌筑 18 ~ 24cm 的砖沿，防止沥青溢出引燃。火口与锅边应有 70cm 的隔离设施，锅与烟囱的距离应大于 80cm，锅与锅的距离应大于 2m。锅灶高度不宜超过地面 60cm。

③熬沥青应由熟悉此项操作的技工进行，操作人员不得擅离岗位。

④不准使用薄铁锅或劣质铁锅熬制沥青，锅内的沥青一般不应超过锅容量的 3/4，不准向锅内投入有水分的沥青。配制冷底子油，不得超过锅容量的 1/2，温度不得超过 80℃。熬沥青的温度应控制在 275℃ 以下（沥青在常温下为固态，其闪点为 200 ~ 230℃，自燃点为 270 ~ 300℃）。

⑤降雨、雪或刮 5 级以上大风时，严禁露天熬制沥青。

⑥使用燃油灶具时，必须先熄灭火后再加油。

⑦沥青锅处要备有铁质锅盖或铁板，并配备相适应的消防器材或设备。

⑧沥青熬制完毕后，要彻底熄灭余火，盖好锅盖后（防止雨雪浸入，熬油时产生溢锅引起着火），方可离开。

⑨沥青锅要随时进行检查，防止漏油。

⑩向熔化的沥青内添加汽油、苯等易燃稀释剂时，要离开锅

灶和散发火花地点的下风方向 10m 以外，并应严格遵守操作程序。

⑪熬炼场所应配备温度计或测温仪。

⑫施工人员应穿不易产生静电的工作服及未带钉子的鞋。

⑬施工区域内禁止一切火源，不准与电、气焊同时间、同部位、上下交叉作业。

⑭施工区域内应配备消防器材。

⑮严禁在屋顶用明火熔化柏油。

（8）煅炉工防火安全控制要点。煅炉工是施工现场不可缺少的一个工种，这项工作主要是进行钎子的加工和淬火。工作过程中使用明火和淬火液。如工作完毕后未将余火熄灭或工作时违反规定，也易引起着火，所以存在着一定的火灾危险性。

①煅炉宜独立设置，并应选择在距可燃建筑、可燃材料堆场 5m 以外的地点。

②煅炉不能设在电源线的下方，其建筑应采用不燃或难燃材料修建。

③煅炉建造好后，须经工地消防保卫或安全技术部门检查合格，并领取用火审批合格证后，方准进行操作及使用。

④禁止使用可燃液体开火；工作完毕，应将余火彻底熄灭后，方可离开。

⑤鼓风机等电器设备要安装合理，符合防火要求。

⑥加工完的钎子要码放整齐，与可燃材料的防火间距应不小于 1m。

⑦遇有 5 级以上的大风气候，应停止露天煅炉作业。

⑧使用可燃液体或硝石溶液淬火时，要控制好油温，防止因液体加热而自燃。

⑨煅炉间应配备适量的灭火器材。

（9）仓库保管员防火安全控制要点。

①仓库保管员要牢记《仓库防火安全管理规则》。

②熟悉存放物品的性质、储存中的防火要求及灭火方法，要严格按照其性质、包装、灭火方法、储存防火要求和密封条件等分别存放。性质相抵触的物品不得混存在一起。

③严格按照“五距”储存物资。即垛与垛间距不小于1m；垛与墙间距不小于0.5m；垛与梁、柱的间距不小于0.3m；垛与散热器、供暖管道的间距不小于0.3m；照明灯具垂直下方与垛的水平间距不得小于0.5m。

④库存物品应分类、分垛储存，主要通道的宽度不小于2m。

⑤露天存放物品应当分类、分堆、分组和分垛，并留出必要的防火间距。

⑥物品入库前应当进行检查，确定无火种等隐患后，方准入库。

⑦库房门窗等应当严密，物资不能储存在预留孔洞的下方。

⑧库房内照明灯具不准超过60W，并做到人走断电、锁门。

⑨库房内严禁吸烟和使用明火。

⑩库房管理人员在每日下班前，应对经管的库房巡查一遍，确认无火灾隐患后，关好门窗，切断电源后方准离开。

⑪随时清扫库房内的可燃材料，保持地面清洁。

⑫严禁在仓库内兼设办公室、休息室或更衣室、值班室以及各种加工作业等。

(10)喷灯操作工防火安全控制要点。

①喷灯加油时，要选择好安全地点，并认真检查喷灯是否有漏油或渗油的地方，发现漏油或渗油，应禁止使用。因为汽油的渗透性和流散性极好，一旦加油不慎倒出油或喷灯渗油，点火时极易引起着火。

②喷灯加油时，应将加油防爆盖旋开，用漏斗灌入汽油。如加油不慎，油洒在灯体上，则应将油擦干净，同时放置在通风良好

的地方,使汽油挥发掉再点火使用。加油不能过满,加到灯体容积的3/4即可。

③喷灯在使用过程中需要添油时,应首先把灯的火焰熄灭,然后慢慢地旋松加油防爆盖放气,待放尽气和灯体冷却以后再添油。严禁带火加油。

④喷灯点火后先要预热喷嘴。预热喷嘴应利用喷灯上的贮油杯,不能图省事采取喷灯对喷的方法或用炉火烘烤的方法进行预热,防止造成灯内的油类蒸汽膨胀,使灯体爆破伤人或引起火灾。放气点火时,要慢慢地旋开手轮,防止放气太急将油带出起火。

⑤喷灯作业时,火焰与加工件应注意保持适当的距离,防止高热反射造成灯体内气体膨胀而发生事故。

⑥高空作业使用喷灯时,应在地面上点燃喷灯后,将火焰调至最小,用绳子吊上去,不应携带点燃的喷灯攀高。作业点下面及周围不允许堆放可燃物,防止金属熔渣及火花掉落在可燃物上发生火灾。

⑦在地下人井或地沟内使用喷灯时,应先进行通风,排除该场所内的易燃、可燃气体。严禁在地下人井或地沟内进行点火,应在距离人井或地沟1.5~2m以外的地面点火,然后用绳子将喷灯吊下去使用。

⑧使用喷灯,禁止与喷漆、木工等工序同时间、同部位、上下交叉作业。

⑨喷灯连续使用时间不宜过长,发现灯体发烫时,应停止使用,进行冷却,防止气体膨胀,发生爆炸,引起火灾。

⑩使用喷灯的操作人员应经过专门训练,其他人员不应随便使用喷灯。

⑪喷灯使用一段时间后应进行检查和保养。手动泵应保持清洁,不应有污物进入泵体内。手动泵内的活塞应经常加少量机

油,保持润滑,防止活塞干燥碎裂,加油防爆盖上装有安全防爆器,在压力 600 ~ 800Pa 范围内能自动开启关闭,在一般情况下不应拆开,以防失效。

⑫煤油和汽油喷灯,应有明显的标志,煤油喷灯严禁使用汽油燃料。

⑬使用后的喷灯,应冷却后,将余气放掉,才能存放在安全地点,不应与废棉纱、手套、绳子等可燃物混放在一起。

❺ 特殊施工场所防火安全控制要点

(1)地下工程。地下工程施工中除遵守正常施工中的各项防火安全管理制度和要求,还应遵守以下防火安全要求:

①施工现场的临时电源线不宜直接敷设在墙壁或土墙上,应用绝缘材料架空安装。配电箱应采取防水措施,潮湿地段或渗水部位照明灯具应采取相应措施或安装防潮灯具。

②施工现场应有不少于两个出入口或坡道,施工距离长应适当增加出入口的数量。施工区面积不超过 $50m^2$,且施工人员不超过 20 人时,可只设一个直通地上的安全出口。

③安全出入口、疏散走道和楼梯的宽度应按其通过人数每 100 人不小于 1m 的净宽计算。每个出入口的疏散人数不宜超过 250 人。安全出入口、疏散走道、楼梯的最小净宽不应小于 1m。

④疏散走道、楼梯及坡道内,不宜设置突出物或堆放施工材料和机具。

⑤疏散走道、安全出入口、疏散马道(楼梯)、操作区域等部位,应设置火灾事故照明灯。火灾事故照明灯在上述部位的最低光照度应不低于 5lx[勒(克斯)]。

⑥疏散走道及其交叉口、拐弯处、安全出口处应设置疏散指示标志灯。疏散指示标志灯的间距不易过大,距地面高度应为 1 ~ 1.2m,标志灯正前方 0.5m 处的地面照度不应低于 1lx。

⑦火灾事故照明灯和疏散指示灯工作电源断电后，应能自动接合。

⑧地下工程施工区域应设置消防给水管道和消火栓，消防给水管道可以与施工用水管道合用。特殊地下工程不能设置消防用水时，应配备足够数量的轻便消防器材。

⑨大面积油漆粉刷和喷漆应在地面施工，局部的粉刷可在地下工程内部进行，但一次粉刷的量不宜过多，同时在粉刷区域内禁止一切火源，加强通风。

⑩禁止中压式乙炔发生器在地下工程内部使用及存放。

⑪制订应急的疏散计划。

（2）设备安装与调试工程。

①在设备安装与调试施工前，应进行详细的调查，根据设备安装与调试施工中的火灾危险性及特点，制订消防保卫工作方案，规定必要的制度和措施，制订调试运行过程中单项的和整体的调试运行工作计划或方案，做到定人、定岗、定要求。

②在有易燃、易爆气体和液体附近进行用火作业前，应先用测量仪器测试可燃气体的爆炸浓度，然后再进行动火作业。动火作业时间长，应设专人随时进行测试。

③调试过的可燃、易燃液体和气体的管道、塔、容器、设备等，在进行修理时，必须使用惰性气体或蒸汽进行置换和吹扫，用测量仪器测定爆炸浓度后，方可进行修理。

④调试过程中，应组织一支专门的应急力量，随时处理一些紧急事故。

⑤在有可燃、易燃液体及气体附近的用电设备，应采用与该场所相匹配防火等级的临时用电设备。

⑥调试过程中，应准备一定数量的填料、堵料及工具、设备，对付滴、漏、跑、冒的发生，减少火灾和险患。

第六节　季节性施工

一、雨期作业

由于雨期施工持续时间较长，而且大风、大雨等恶劣天气具有突然性，所以应认真编制好雨期施工的安全技术措施，做好各项准备工作。

（1）雨期及洪水期施工应根据当地气象预报及施工所在地的具体情况，做好施工期间的防洪排涝工作。

（2）脚手板、斜道板、跳板上应采取防滑措施。加强对支架、脚手架和土方工程的检查，防止倾倒和坍塌。

（3）雨期施工时，人行道的上下坡应挖步梯或铺砂，施工现场应及时排除积水，并应符合下列规定：

①根据施工总平面图、排水总平面图，利用自然地形确定排水方向，按规定坡度挖好排水沟，确保施工工地的排水畅通。

②严格按防汛要求，设置连续通畅的排水设施，防止泥浆、污水堵塞下水道。

（4）雨期施工时，处于洪水可能淹没地带的机械设备、材料等应做好防范措施，施工人员要提前做好安全撤离的准备工作。

（5）长时间在雨期中作业的工程，应根据条件搭设防雨棚。施工中遇有暴风雨应暂停施工。

（6）雨后应及时对坑、槽、边坡和支撑结构进行检查，深基坑应当派专人进行认真测量，如果发现边坡有裂缝、疏松、支撑结构折断等危险征兆，应立即采取措施。

（7）做好防雷击工作，达到一定高度的脚手架、龙门架等应安装避雷装置。

(8)做好防潮工作,现场各类机械设备、仓库等,应做好防潮防湿工作。

二、冬期作业

根据多年气象资料统计,当室外日平均气温连续 5 天稳定低于5℃即进入冬期施工,当室外日平均气温持续5 天高于5℃时则解除冬期施工。冬期施工由于施工条件及环境不利,是各种安全事故多发季节。另外,由于准备工作时间短,技术要求复杂,有些事故的发生,往往是由于该环节跟不上,仓促施工造成的,所以应做好各项准备工作,做好安全防范措施。

(1)冬期施工应严格执行冬期施工的有关规定,做好保温、防冻等安全防护措施(图 4-12)。

图 4-12　冬季施工作业

(2)冬期施工在江河冰面上通行时,事先应详细调查冰层的厚度及承载能力。冰面结冻不实地段,严禁通行。结冻不实地段、可通行地段都应设明显标志。初冬及春融季节应经常检查冰层变化情况,以确定可否通行。

(3)江河流冰前应制定出防流冰方案,并将停留在冰面上的车辆、船只、机械和物资提前撤往安全地带。

(4)爆破流冰通道时,除应遵守国家现行的《爆破安全规程》(GB 6722)外,还应在爆破前详细检查冰面后再进行作业。爆破流冰时应穿好救生衣,必要时应备有救护船只。

(5)搞好防滑工作,斜道通行道、爬梯等作业面上的霜冻、冰块、积雪要及时清除。

三、高温作业

高温作业是指在高温、高湿或强烈辐射的环境下从事作业。

(1)高温季节施工,应按劳动保护规定做好防暑降温措施。适当调整作息时间,尽量避开高温时间。

(2)对露天作业中的固定场所,有条件的宜搭设凉棚、供应冷饮、准备防暑药品等。

(3)及时给工作人员发放防暑降温的急救药品和劳动保护用品(图4-13)。

图4-13 夏季高温施工防暑用品

四、夜间作业

夜间施工主要是由工期紧张或某些不能停止的工序导致,夜间施工安全隐患多,施工质量难以控制,所以,应做好以下安全防范措施:

(1)夜间施工时,现场必须有符合操作要求的照明设备。施工住地要设置路灯。

(2)施工中的小型桥涵两侧及穿越路基的管线等临时工程,应设置围栏,并悬挂红灯示警标志。

(3)大型桥梁攀登扶梯处应设有照明灯具。

(4)夜间作业船只或在通航江河上长期停置的锚船、码头船等应按照港航监督部门规定,配置齐全的夜航、停泊标志灯。船只停靠码头应设照明灯。

第五章　交通运输建筑施工风险识别及控制措施

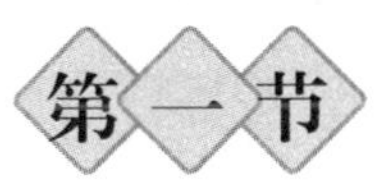

第一节　风险识别理论与方法

一、风险因素与危险源

风险即活动或项目的不确定性，它的发生会影响活动或项目目标的实现。工程建设安全风险，是指工程建设过程中可能造成人员伤害或财产损失的根源和状态。风险要具备的条件：一是存在性，即风险因素的存在性；二是风险因素发生的不确定性；三是风险产生损失后果。

风险因素是指能产生或增加损失概率和损失程度的条件或因素。风险因素是风险事件发生的潜在原因，是造成损失的内在原因或间接原因。通常情况下，风险因素分为以下三种：自然风险因素；道德风险因素；心理风险因素。

风险事件是指造成损失的偶发事件，是造成损失的外在原因或直接原因。风险事件的发生是一种或几种风险因素相互作用导致的。

任何公路建设工程都存在风险，如工期延长，成本增加，计划修改等，这些都会给公路建设带来负面的影响直至造成经济效益的降低，甚至交通运输建筑施工工程的失败。

危险源是指可能导致人身伤害、疾病、财产损失、工作环境破坏等的危险因素和有害因素。危险因素引发的伤害事故具有突发性、瞬间作用性；有害因素对环境或人身造成慢性损害和累积作用。

危险控制的目的，一是降低事故发生的频率，二是减少事故的严重程度和每次事故的经济损失。危险控制的技术有宏观和微观之分，宏观一般以整个系统为对象，运用系统工程的原理，对危险进行控制，其手段主要有法制（政策、法令、规章），经济（奖、罚、惩、补）教育（长期、短期、学校和社会的）等手段；而微观则是以具体的危险源为对象，以系统工程的原理为指导，对危险进行控制，所采用的手段主要是工程技术措施和管理措施。

工程建设过程中，危险源以多种多样的形式存在，危险源导致的事故可以分为能量的意外释放或有害物的泄漏。依据危险源在事故发生发展中的作用，可以将危险源分为两类，即第一类危险源和第二类危险源。

第一类危险源：可能发生意外释放的能量的载体或危险物质，称为第一类危险源。能量或危险物质的意外释放是事故发生的物理本质。通常把产生能量的能量源或拥有能量的能量载体，作为第一类危险源处理。

第二类危险源：造成约束、限制能量的措施失效或破坏的各种不安全因素，称作第二类危险源。如工程建设中运动机械，是第一类危险源，工程建设中的安全防护设施，是第二类危险源。

二、危险源的辨识

危险源辨识是发现、识别系统中危险源的工作，它是危险源控制的基础。危险源辨识应全面、系统、多角度、不漏项，重点放在能量主体、危险物及其控制和影响因素上。其辨识时间应在编制施工组织设计策划阶段进行，随施工进展不断调整。

根据交通运输建筑施工特点，对现有的或计划中的作业环境和施工组织中存在的危险源和风险进行辨识、预测和评价。

（1）单位工程在其生产活动中，因自身活动、产品或服务而产生的危险源，如建筑工程各阶段的危险源，包括如下几种。

①施工准备阶段的危险源：条件不充分等；

②基础施工阶段的危险源：基坑坍塌等；

③结构施工阶段的危险源：设施失效等；

④装修施工阶段的危险源：火灾害等；

⑤设备安装阶段的危险源：触电危害等；

⑥工程验收交付阶段的危险源：质量缺陷等。

（2）相关方（包括供货方、分承包合同方、劳务方等）的活动、产品或服务中的危险源，包括：

①材料供应方提供原材料及产品的危险源；

②工程分包方在施工活动中的危险源；

③设备租赁方的设备在运行过程中的危险源；

④劳务方在施工过程中的危险源；

⑤其他相关方（参观、访问、检查、实习）活动中的危险源。

（3）考虑三种状态下的危险源：

①正常施工情况下的危险源；

②异常施工情况下的危险源；

③紧急情况下的危险源。

（4）考虑三种时态下的危险源：

①过去曾出现的危险源；

②现在正在发生的危险源；

③将来可能出现的危险源。

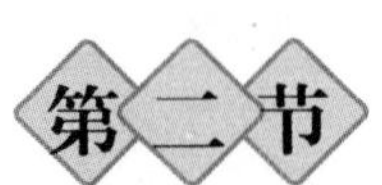

第二节 安全风险识别和评估方法

一、安全风险识别方法

交通运输建筑施工工程项目的安全风险识别常用方法如表 5-1 所示。

交通运输建筑施工风险识别方法　　表 5-1

方　法	内 容 描 述
资料法	收集各类工程的文字和图表识别工程风险。此法适用于工程尚未开工或刚刚开工。其局限性是资料的真实性、完整性和有效性影响风险分析的结论，因而资料法一般作为辅助的风险识别方法，配合其他方法进行风险识别
询问法	风险管理者通过询问专家、设计人、监理人、承包人及相关人员，识别建设过程中的潜在风险
实地观察法	通过实地观察发现现场可能存在的风险。使用此法时可借鉴资料法收集类似工程的风险资料，到工程现场实地观察询问，印证某一风险存在的可能性
调查和专家打分	包括德尔菲法和头脑风暴法。调查和专家打分法是一种最常用的、最简单的、易于应用的分析方法。德尔菲法的应用由两部组成：首先，辨识出某一特定工程项目可能遇到的所有风险，列出风险调查表；其次，利用专家经验，对可能的风险因素的重要性进行评价，综合成整个项目的风险。头脑风暴法是针对某一单项工程，邀请风险专家开会讨论诊断项目风险因素

续上表

方　法	内容描述
情景分析法	该方法根据发展趋势的多样性，通过对系统内外相关问题的分析，设计出多种可能的未来发展前景，然后用类似于撰写电影剧本的手法，对系统发展态势做出自始至终的情景和画面的描述。当一个项目持续的时间较长时，往往要考虑各种技术、经济和社会因素的影响，对这种项目进行风险预测和识别，就可用情景分析法来预测和识别其关键风险因素及其影响程度。情景分析法尤其适用于提醒风险决策者注意某种措施可能引起的风险或危机性的后果等
安全检查表法	根据系统工程的分析方法，在对系统进行分析的基础上，找出所有可能存在的风险因素，然后以提问的方法将这些风险因素列在表中。安全检查表法可以用于施工过程中影响施工安全的风险因素的调查，达到判断风险是否存在、在发生事故后帮助查找事故原因的目的
事故树分析法	以树状图的形式表示所有可能引起主要事件发生的次要事件，提示风险因素的聚集过程和个别风险事件组合可能形成的潜在风险事件
层次分析法	通过工作分解结构，按照工作的性质把整个项目进行横向分解，分别对分解后的每个工作包进行风险分析。然后对各个工作包进行汇总，形成对工程项目整体风险水平的定量评价

二、安全风险评估方法——LEC 法

LEC 法（概率风险评价法）是建立在实际经验的基础上，合理打分，根据最后的风险值进行分级。

❶ 判定准则

（1）危险性指数大于 320 的，确定为一级；

(2)危险性指数大于等于161但小于等于320的,确定为二级;

(3)危险性指数大于等于71但小于等于160的,确定为三级;

(4)危险性指数大于等于20但小于等于70的,为四级;

(5)危险性指数小于20的不列入等级。

❷ 判定方法

作业危险性指数是下列三个因素的乘积:

$$D = L \times E \times C$$

式中:D——作业危险性指数,按表5-2取值;

L——发生危险事件的可能性,按表5-3取值;

E——作业者在危险环境中的状况,按表5-4取值;

C——事故的可能后果,按表5-5取值。

作业危险性指数(D) 表5-2

D	危险程度	风险等级
>320	极度危险,不能继续作业	一级
161~320	高度危险,要立即整改	二级
70~160	显著危险,需要整改	三级
20~70	一般危险,需要注意	四级
≥20	稍有危险,可以接受	不入级

表5-2中风险等级说明:

一级不可承受风险:极其危险,不能继续作业,事故的潜在危险性很大,并难以控制,发生事故的可能性极大,一旦发生事故将有伤亡的风险。

二级重大风险:高度危险,需要立即改正,事故的潜在危险性较大,较难控制,发生频率较高或可能性较大,容易发生重伤或多人伤害;或者造成多人伤亡,但事故发生可能性为一般风险。

三级中度风险：显著危险，需要整改，虽导致事故可能性小，但经常发生事故或未遂过失，潜伏有事故发生的风险。

四级可承受风险：一般危险，需要注意。具有一定危险性，虽然重伤可能性较小，但有可能发生一般伤害事故的风险。

五级可忽视风险：稍有危险，危险性小，不会伤人的风险。

发生危险事件的可能性(L) 表5-3

L	分数	L	分数
完全预料到	10	可以设想，但极少可能	0.5
相当可能	6	极不可能	0.2
不经常，但可能	3	实际上不可能	0.1
意外，很少可能	1		

作业者在危险环境中的状况(E) 表5-4

E	分值	E	分值
连续处在危险环境中	10	每月一次在危险环境中工作	2
每天在有危险的环境中工作	6	每年一次在危险环境中工作	1
每周一次在危险环境中工作	3	极难出现在危险环境中工作	0.5

事故的可能后果(C) 表5-5

现　象	可能后果	分　值
大灾难	多人死亡	100
灾难	数人死亡	40
非常严重	一人死亡	15
严重	严重致残	7
重大	手足伤残	6
较大	受伤较重	3
引人注目	轻伤	1

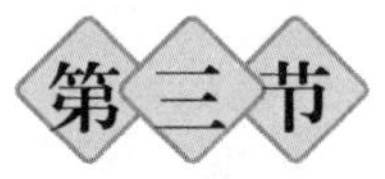

第三节 交通运输建筑施工风险识别

一、交通运输工程建设用材危害性识别

交通运输工程建设用材主要有沥青,混凝土用砂、石、水泥集料,钢材,施工用水,施工动力设备用油等。

❶ 沥青

1)沥青分类

沥青通常分为煤焦沥青、石油沥青和天然沥青三种。

(1)煤焦沥青:煤焦沥青是炼焦的副产品,即焦油蒸馏后残留在蒸馏釜内的黑色物质。

它与精制焦油只是物理性质有区别,没有明显的界限。一般的划分方法是规定软化点在26.7℃(立方块法)以下的为焦油,26.7℃以上的为沥青。煤焦沥青中主要含有难挥发的蒽、菲、芘等。这些物质具有毒性,由于这些成分的含量不同,煤焦沥青的性质也因而不同。温度的变化对煤焦沥青的影响很大,冬季容易脆裂,夏季容易软化。加热时有特殊气味;加热到260℃在5h以后,其所含的蒽、菲、芘等成分就会挥发出来。

(2)石油沥青:石油沥青是原油蒸馏后的残渣。根据提炼程度的不同,在常温下呈液体、半固体或固体。石油沥青色黑而有光泽,具有较高的感温性。由于它在生产过程中曾经蒸馏至400℃以上,因而所含挥发成分甚少,但仍可能有高分子的碳氢化合物未经挥发出来,这些物质或多或少对人体健康是有害的。

(3)天然沥青:天然沥青储藏在地下,有的形成矿层或在地壳表面堆积。这种沥青大都经过天然蒸发、氧化,一般已不含有任何毒素。

沥青材料分为地沥青和焦油沥青两大类。地沥青又分为天然沥青和有油沥青,天然沥青是石油渗出地表经长期暴露和蒸发后的残留物;石油沥青是将精制加工石油所残余的渣油,经适当的工艺处理后得到的产品。焦油沥青是煤、木材等有机物干馏加工所得的焦油经再加工后的产品。工程中采用的沥青绝大多数是石油沥青。石油沥青是复杂的碳氢化合物与其非金属衍生物组成的混合物。通常沥青闪点在240~330℃之间,燃点比闪点高3~6℃,因此施工温度应控制在闪点以下。

2)沥青的危害

沥青是一种棕黑色有机胶凝状物质,包括天然沥青、石油沥青、页岩沥青和煤焦油沥青等四种。主要成分是沥青质和树脂,其次有高沸点矿物油和少量的氧、硫和氯的化合物。有光泽,呈液体、半固体或固体状态,低温时质脆,黏结性和防腐性能良好。

四种沥青中以煤焦油沥青危害最大。在电极焙烧炉制作中要排出大量的沥青烟。由于沥青中含有荧光物质,其中含致癌物质3,4苯并芘高达2.5%~3.5%,高温处理时随烟气一起挥发出来。沥青烟气是黄色的气体,其中大部分是0.1~1μm的焦油细雾粒。经测定电极焙挠炉排出的沥青烟气中含3,4苯并芘为1.3~2mg/m^3

沥青烟和粉尘可经呼吸道和污染皮肤而引起中毒,发生皮炎、视力模糊、眼结膜炎、胸闷、腹病、心悸、头痛等症状。经科学试验证明,沥青和沥青烟中所含的3,4苯并芘是引起皮肤癌、肺癌、胃癌和食道癌的主要原因之一。

❷ 砂石集料

砂石集料是常用的工程建设材料的主材,通常不含危害性物质。

❸ 钢材

钢材是常用的工程建设材料的主材,通常不含危害性物质。

❹ 水泥

水泥作为常见的工程建设材料,工程施工中被广泛运用。水泥属于易扬尘的材料,在运输和使用过程中容易产生水泥尘(硅酸盐)。当吸入肺部粉尘达到一定数量时,就会引起肺组织发生纤维化病变,使肺组织逐渐硬化,失去正常的呼吸功能,即尘肺病。纤维化程度与粉尘中游离的二氧化硅含量有关,当含量大于70%可引起矽肺,当小于10%可引起尘肺。通常情况接触矽尘5～10年后才发病,有的长达15～20年以上,也有生产条件极差,缺少防尘措施,1～2年就发病。矽肺是一种进行性疾病,一经发生,即使调离矽尘作业,仍可持续发展。初期常见症状是气短、胸闷、针刺样胸痛、咳嗽等。

❺ 柴油

柴油为可燃、爆材料。理化性质:闪点50～90℃;自燃点350～380℃;爆炸极限1.5%～4.5%;密度0.8～0.87kg/L,其蒸汽能与空气形成爆炸性混合物。

对人体危害:吸入呼吸道可引起吸入性肺炎。溅至眼内可致眼角膜溃疡、穿孔,甚至失明。皮肤接触易产生接触性皮炎,甚至灼伤。

处置方法:

(1)先冷却,后灭火。

(2)灭疏结合,可采取转移或倒灌的方法,减少储备量。

(3)禁止火种和热源,防止爆炸燃烧。

灭火剂:泡沫、干粉、雾状水、四氯化碳、1211灭火剂。

❻ 水

除特殊地区水质含有有害物质外，通常地表水对人体无害。

二、交通运输工程伤害方式及其原因

交通运输建筑施工职业安全事故主要的伤害方式及原因如下。

❶ 坍塌

公路工程建设坍塌事故主要以边坡、路基、桥梁、隧道事故为主。事故统计分析表明，桥梁坍塌占坍塌事故的46%（图5-1），路基边坡坍塌占到坍塌事故的36%，其次是模板脚手架坍塌、隧道坍塌等。

图5-1　桥梁坍塌

造成公路工程坍塌的原因主要有施工技术方案设计存在差错、施工未按施工方案实施、施工荷载超载，以及自然灾害造成等。

❷ 高处坠落

工程建设中大量作业需要登高作业，如果作业人员未按要求

图 5-2 高处坠落

佩戴安全帽,未系或不正确使用安全带,现场安全防护不到位等均可能造成高处坠落伤害(图 5-2)。尤其临边洞口,是高处坠落事故多发、宜发部位。

❸ 车辆伤害

公路工程建设土石方开挖、回填量均较大,专业化强,运输车辆多,容易造成车辆伤害。

❹ 触电

由于工程建设现场的动态性,工程建设用电线路、配电设施,工程建设设备等均可能发生接零、接地保护失效,带电体裸露漏电,导致作业人员触电或引起火灾、爆炸等事故。此外,雷电、静电、电火花等可能会给安全生产带来灾难性的影响。

❺ 物体打击伤害

机械设备使用不当、高处作业过程物料处置不当,均可能对作业人员造成打击伤害。

❻ 机械伤害

交通运输工程建设使用大量重型机械设备,在施工场地有限、多工种交叉作业,道理条件差、场地交通凌乱,容易造成挤压、碰撞、撞击、夹断、剪切、割伤、擦伤等机械伤害。

1)工程建设机械的特点

(1)使用的环境条件不同。工程建设机械如混凝土机械等长期露天作业,经受风吹雨打和日晒。恶劣的环境条件对机械的使用寿命、工作可靠性和安全性都有非常不利的影响。

(2)作业对象不同。工程建设机械的作业对象以砂、石、土、混凝土、砂浆及其他工程建设材料为主。工作时受力复杂,载荷变化大,腐蚀大,磨损严重。如起重机钢丝绳容易磨损断裂,土方机械工作装置容易磨损破坏等。

(3)作业地点和操作人员不同。工厂内机床设备相对固定,能保证专人专机操作。而施工机械场地和操作人员的流动性都比较大,由此引起安装质量、维修质量、操作水平变化比较大,直接影响使用的安全性。

2)工程建设机械伤害的类型

(1)施工车辆机械伤害;

(2)搅拌机机械伤害;

(3)其他机械伤害。

3)工程建设机械伤害事故发生的原因

(1)人的不安全行为。

①施工队伍的素质差。某些施工企业的操作人员不但技术素质差,安全意识和自我保护能力也差,有的甚至未经培训就无证上岗。

②冒险蛮干和违章作业。

③无安全管理制度。

④安装不符合规范要求。

(2)物的不安全状态。

①设备存在安全隐患。某些施工企业只注重赶工期,拼设备,忽视了设备的安全管理和维护修理,致使设备经常带病作业,或买进本身有缺陷的设备,造成众多隐患,极易引发伤害事故。

②安全装置和防护设施不齐全、设置不当或失灵,无法起到安全防护作用。

❼ 起重伤害

起重设备若存在设计缺陷,缺乏必要的防护装置或虽有防护

装置但其可靠性得不到保证，或遭损坏、断裂、老化而失灵、失效，因而达不到国家标准；或无安全连锁或安全连锁失灵等都可能造成起重伤害。起重机械作业处地基处理不到位，还会造成起重机倾覆等事故。

❽ 爆破伤害

爆破是土石方开挖的重要方式，道路建设涉及大量土石方工程，炸药从存放、运输途中、装药和放炮过程中、未爆炸或未爆炸完全的炸药在施工过程中都有发生爆炸的可能性。炸药爆炸可以直接造成人身伤害和财物的破坏，爆破飞石也会造成打击伤害。

1）引起爆炸事故的主要原因

（1）炸药运输过程中遇到明火、高温物体；

（2）炸药运输过程中强烈振动或摩擦；

（3）运送炸药过程中出现意外情况；

（4）炸药质量不合格；

（5）炸药性质不合格；

（6）爆破使用不合格的导爆管；

（7）装药工艺不合理或违章作业；

（8）打孔、装药、封泥不符合要求；

（9）起爆工艺不合理或违章作业；

（10）最小抵抗线不够；

（11）人员没有撤离到安全区域就起爆；

（12）爆破作业后，没有检查或检查不彻底，没有清理出未爆炸的残余炸药；

（13）违章处理盲炮；

（14）炸药库设计不合理；

（15）炸药库中存在能够引起爆炸的引爆源；

（16）炸药库违章发放或存放炸药；

(17)其他违章作业等。

2)容易发生爆炸事故的场所

(1)炸药库及其附近;

(2)运送炸药途中;

(3)爆破作业的工作面;

(4)爆破后的工作面。

❾ 尘毒

在道路建设过程中形成的,能较长时间漂浮在作业场所空气中的固体微粒,是污染环境、危害劳动者健康的重要有害因素之一。

(1)粉尘按照其性质分为:

①无机粉尘;

②有机粉尘;

③混合型粉尘。

(2)粉尘进入人体的量以及对机体的危害程度与下述理化特性有关:

①化学组成;

②浓度,粉尘浓度越高,吸入量就越多,危害性也越大;

③分散度,分散度高的粉尘由于粒子小和沉降速度慢,被吸入体内的机会多;

④溶解度;

⑤硬度,坚硬的尘粒能引起上呼吸道黏膜损伤;

⑥荷电性,荷电性与尘粒在空气中的稳定性随沉降速度增加而加强;

⑦爆炸性。

(3)粉尘根据其理化性质、进入人体的量和作用部位的不同,可以引起以下不同病变:

①职业性呼吸系统疾患,如尘肺、粉尘沉着症,职业性过敏性

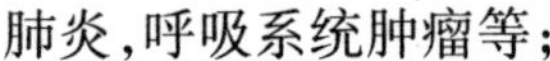
肺炎,呼吸系统肿瘤等;

②由于粉尘对呼吸道黏膜、皮肤、眼、耳等部位的刺激作用所引起的相应疾病;

③中毒作用。

沥青在熬制过程产生大量有毒有害气体,形成吸入伤害。

同时交通运输工程中大量使用、存放石油产品等危害物料,具有容易燃烧的特点,因此存在着火灾爆炸的危险。工程建设中大量使用工程机械,机械产生的噪声对人体造成危害,可能对听觉系统造成永久性损伤,形成噪声性耳聋;此外,噪声还会对机体的神经系统,心血管系统,消化系统等产生不良影响,主要表现为:听力下降,血压升高,消化功能紊乱,食欲下降,失眠,头晕,耳鸣,记忆力衰退等症状。噪声越大,接触时间越长,其危害也越严重。

按交通运输建筑施工安全事故涉及工程类别分析,桥梁施工、路基施工和隧道施工过程中发生的事故相对较多,分别占事故总数的47%、29%和19%,占死亡人数总数的44%、27%和25%。

三、交通运输建筑施工风险表

针对交通运输建筑施工过程,总结并列举典型风险因素于表5-6中。

交通运输建筑施工风险因素 表5-6

作业过程	风险因素	可能导致的事故
施工用电	未指定施工临时用电方案	触电
	施工临时用电方案未按程序进行审批	触电
	未达到三级配电、两级保护	触电
	未对各种配电设施按规定进行验收	触电
	使用未经备案的临时用电设施	触电

续上表

作业过程	风险因素	可能导致的事故
施工用电	未按规定进行检查,隐患不能及时整改	触电
	电工未持有效证件上岗	触电
	未按规定进行岗前安全教育	触电
	保护零线未单独敷设,并作它用	触电
	使用保护零线作负荷线	触电
	开关箱无漏电保护器或漏电保护器失灵	触电
	电箱安装位置不当,周围杂物多,没有明显的安全标志	触电
	配电线路的电线老化,破皮未包扎	触电
	电缆架设或埋地不符合要求	触电
	电工不按规定程序送电	触电
	在高压架空输电线下方或上方作业无保护措施	触电
脚手架搭设拆除	拆除无方案,未按规范顺序、无证操作、任意抛掷,周围防护不到位	高处坠落、物体打击、坍塌
	脚手架荷载超过设计规定	坍塌
	脚手板铺设不规范或绑扎不牢,作业层无防护栏和挡脚板	高处坠落、物体打击
	未设置上下通道	高处坠落、物体打击、坍塌
	脚手架底部的垫木和加绑扫地杆不符合要求	坍塌
	未按规定设置剪刀撑或剪刀撑搭设不符合设计要求	坍塌
	脚手架荷载堆放不均匀	物体打击
	架体制作和组装不符合设计要求	坍塌、高处坠落
	未按规定进行荷载试验	坍塌、高处坠落

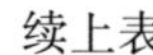
续上表

作业过程	风险因素	可能导致的事故
高处作业	登高工具未按规定设置	高处坠落、物体打击
	不宜高空作业人员进行高空作业	高处坠落、物体打击
	登高装置未经检验验收	高处坠落、物体打击
	安全防护用品不符合要求	高处坠落、物体打击
	作业面照度不够	高处坠落、物体打击
	疲劳作业,操作人员未戴安全带	高处坠落、物体打击
	安全网防护或材质不符合要求	高处坠落、物体打击
	临边与“四口”防护措施缺陷	高处坠落
	垂直运输零散物件未使用吊笼	高处坠落、物体打击
施工吊篮安装拆卸及使用	安装无方案、安全技术无交底、无证人员安装	机械伤害、高处坠落、设备损坏
	吊装组装不规范、稳定性不强、钢丝绳质量不规范、绳卡装置不够	机械伤害、高处坠落、设备损坏
	无安全锁、超高限位装置、安全绳或失灵	机械伤害、高处坠落、设备损坏
	完工无验收、未检测试验或不合格交付	机械伤害、高处坠落、设备损坏
	拆除未按规范程序实施	机械伤害、物体打击
	未使用或不正确使用个人防护用品、超荷载运行	机械伤害、高处坠落
	不使用时未停置在平台、未关闭电源	机械伤害、高处坠落

续上表

作业过程	风险因素	可能导致的事故
电动机械设备使用	机械/电气非专业人装拆，无交底、无验收、无专项管理制度	机械伤害
	机械传动、工作部位无防护装置或防护装置有缺陷	机械伤害
	设备未按时维护、维修，设备超期使用、带病作业	机械伤害
	设备停止操作或故障维修时未切断电源	触电、机械伤害
	非操作人员操作或未按操作规程作业、个人防护不到位	机械伤害
	切割机作业时对向角度不正确，无扬尘挡板	机械伤害
焊接、气割作业	焊接、气割工作点周围堆放易燃、易爆物或其他杂物	火灾爆炸
	焊、割火渣处置不当，作业时无人监视，未配备灭火器材	火灾爆炸
	氧气、乙炔瓶和工作点间距不符合标准，储存未单独存放	火灾爆炸
	非专业人员无证操作，或遇故障处置不当	火灾爆炸
	焊机设备及焊钳不完好，无防触电、漏电保护装置，外壳未接零保护	触电
	二级接线不规范，放置地无防雨防砸措施	火灾、物体打击
	焊接作业与木工、油漆、防水等易燃作业交叉施工	火灾
	作业时未佩戴防护面罩及其他个人防护措施	灼伤
现场交通运输	翻斗车违章行驶或不灵便	车辆伤害

续上表

作业过程	风险因素	可能导致的事故
季节性施工	无季节施工方案或无季节性施工防护措施	冻伤、中暑、跌伤
道路作业	现场洞口未设盖或无其他安全措施，开挖的沟槽未及时围护	管理缺陷
	现场未按要求设置警示标识和警灯、围挡	管理缺陷
	不按规定设置路栏防护	管理缺陷
	沥青混凝土摊铺、碾压、沥青灌浇、透油层作业时未设置安全警戒	管理缺陷
	施工作业人员未按要求穿戴防护用品	管理缺陷
	施工现场未设置安全交通协调员	管理缺陷
桥涵高处结构施工	挖孔桩作业	高处坠落、物体打击
	高空装、拆模板	高处坠落
	振捣器未接触电保护器或保护器失灵	高处坠落、物体打击
	编制挖孔桩作业施工方案	管理缺陷
	施工前未检查开挖工具、机具不符合要求	高处坠落
	未按规定要求固避支护或纠偏	坍塌
	孔洞无防护或盖板	高处坠落
	井下无照明与通风设备或照明通风设备	中毒
	下井前未检查井内有无有害气体	中毒
	井孔完成后未及时浇捣混凝土	坍塌
	振捣混凝土人员下井孔内作业未戴安全帽	物体打击
	井口周边未采取围栏防护	高处坠落
	立柱未设置纵模支撑、支柱支撑间距不符合要求	倒塌、财产损失
	高处浇捣混凝土	高处坠落
	站在钢筋骨架上作业	高处坠落、物体打击
	监边无防护	高处坠落、物体打击

续上表

作业过程	风险因素	可能导致的事故
机械伤害	拌和机使用及维修	管理缺陷
	手持电动工具的使用与维修	机械伤害
	机械传动部分无防护罩	机械伤害
	搅拌设备安装不稳定、不牢固	机械伤害
	搅拌机料斗无保险挂钩或不使用挂钩检修	物体打击
	搅拌设备无防护棚或防护棚不符合要求	高处坠落
	机械设备未按规定要求保养	机械伤害
	机械带病运转,运转中检修	机械伤害
	搅拌机离合器、制动器、钢丝绳等达不到要求	机械伤害
堑沟施工坍塌	临边的防护措施缺乏或者不符合要求	坍塌
	深沟槽坑壁支护不符合要求或未按方案实施	坍塌
	排水措施缺乏或者措施不当	坍塌
	积土料具堆放或机械设备施工不合理造成坑边荷载或超载	坍塌
	人员上下通道缺乏或设置上下通道措施不合理	高处坠落
	基坑作业环境不符合要求或缺乏垂直作业上下隔离防护措施	高处坠落
	作业现场未设置安全围挡	管理缺乏
	作业人员未按要求穿戴安全防护用品	管理缺乏
起重作业	起重机械设备有缺陷	机械伤害
	路面地耐力或铺垫措施不符合要求	设备倾翻
	起重吊装超载作业	设备倾翻
	高处作业人员违章	高处坠落
	警戒管理不符合要求	物体打击
	使用不合格或未正确使用吊具索具	起重伤害

续上表

作业过程	风险因素	可能导致的事故
起重作业	操作失误	机械伤害
	违章指挥	机械伤害
	高处作业的安全防护措施不符合要求	高处坠落
	作业平台不符合要求	高处坠落
	吊装区域内未设置警示标识	起重伤害
	使用的钢丝绳不符合起重物体重量要求	坠落
	起吊管道及盖板作业时未避开高压线有效距离规定	倒塌触电,物体打击
	悬挂配件降落时未进行稳定加固	倒塌
	起重周边无安全距离	管理缺陷
	作业现场无专人指挥	管理缺陷
	作业人员未按要求配置安全防护用品或配置了未穿戴	物体打击
土方作业	施工机械有缺陷	机械伤害、倾倒
	施工机械的作业位置不符合要求	倾倒、触电
	无证或违章操作挖土机	机械伤害等
	其他人员违规进入挖土机作业区域	机械伤害等
	无安全技术方案及措施	坍塌
	开挖时无人指挥	坍塌
	基坑周边无防护措施	高处坠落
	土方堆放不合理	坍塌
	降水不能满足要求	坍塌
拌和作业	拌和机械的安装不符合要求	机械伤害等
	拌和机械的保护与保险装置不符合要求	机械伤害等
	拌和机械使用的安全防护不符合要求	机械伤害等
	作业工人粉尘与噪声的个体防护不符合要求	尘肺、听力损伤等

续上表

作业过程	风险因素	可能导致的事故
模板安拆、存放	模板支撑系统不符合设计要求	坍塌
	大模板不按规定正确存放	物体打击
	施工方案缺乏或不符合要求	倒塌、物体打击等
	无针对混凝土输送的安全措施	机械伤害等
	攀爬或扰动大模板	高处坠落
	各种模板存放不整齐、过高等，不符合安全要求	物体打击
	未设1.2m高的围栏防护	物体打击
	模板上施工荷载超过规定或堆料不均匀	高处坠落
	模板支撑固定在非承重架上	坍塌
	拆除模板时未设置警戒线和无监护人看护	物体打击
	模板拆除前无混凝土强度报告或强度未达到规定提前拆模	高处坠落
	支撑模板的立柱的稳定性不符合要求	模板倾翻
	支撑模板作业与管理违章	物体打击
	模板工程无验收与交底	倒塌、物体打击
	防护措施缺乏或不符合要求	高处坠落
木工作业	木工机械设置不符合要求	机械伤害
	木工机械安全防护措施不符合要求	机械伤害
手持电动工具作业	保护接零或电源线配备不符合要求	触电
	作业人员个体防护不符合要求	触电
钢筋冷拉作业	钢筋机械的安装不符合要求	机械伤害
	钢筋机械的保护装置缺陷	机械伤害
	作业区防护措施不符合要求	机械伤害

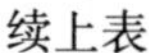

续上表

作业过程	风险因素	可能导致的事故
电气焊作业	电焊机的安装不符合要求	触电
	电焊机的保护或防护装置不符合要求	触电
	气瓶的使用与管理不符合要求	爆炸
	焊接作业工人个体防护不符合要求	触电、灼烫
	气瓶违规存放	火灾、爆炸
物料储存、堆放	易燃易爆及危险化学品的存放不符合要求	泄漏、火灾
	码放过高或放置不整齐、不规范，无平面布置	垮塌、坠落、绊伤
	料具违规堆放	料具倾倒
消防设施	无消防措施、制度或消防设施	火灾
	灭火器材配置不合理	火灾
	动火作业管理制度不符合要求	火灾
切割作业	设备无防护装置或防护装置有缺陷	机械伤害、物体打击
	设备保护接地不符合要求	触电
	未配备和正确使用安全防护用品	触电
焊接作业	焊接设备及其测量仪表有缺陷	触电、爆炸
	作业点10m以内有易燃易爆物质	触电、爆炸
	焊渣飞溅	灼伤、火灾
	氧气瓶、乙炔瓶漏气，或距离过近，或无回火装置	爆炸
	作业环境不符合要求	触电
	通风不良、有大量焊接烟尘	中毒、职业病
	电弧光强刺激	职业病
	工件翻倒	物体打击

续上表

作业过程	风险因素	可能导致的事故
油漆防腐作业	作业区、库房内有燃烧源	中毒和窒息、爆炸、火灾
	作业区、库房内通风不良	中毒和窒息、爆炸、火灾
	固废及残液未及时清理	中毒和窒息、爆炸、火灾
	未设置警示标志	容器爆炸、火灾、物体打击
	设备装置缺陷	容器爆炸、火灾、物体打击
	无操作警示	触电
无损检测	屏蔽装置未设置或设置不当	放射性疾病
	设备未按要求维护	放射性疾病
	未及时清理作业环境	中毒
交叉作业	无防护措施	物体打击、火灾
夜间作业	亮度不适宜	高处坠落、触电、物体打击
	疲劳施工	高处坠落、触电、物体打击
手持电动工具	工具缺陷	触电、机械伤害
	使用环境不当	触电、机械伤害、火灾
	未按规定检查维修	触电、机械伤害
	配电器具不合格	触电

第六章　交通运输建筑施工应急救援

第一节　伤亡事故的定义与分类

一、伤亡事故的定义

❶ 事故

事故是指人们在进行有目的的活动过程中,发生了违背人们意愿的不幸事件,使其有目的的行动暂时或永久地停止。

❷ 伤亡事故

伤亡事故是指职工在劳动生产过程中发生的人身伤害、急性中毒事故。

工程项目所发生的伤亡事故大体可分为两类:一是因工伤亡,即在施工项目生产过程中发生的;二是非因工伤亡,即与施工生产活动无关的伤亡。

二、伤亡事故的分类

❶ 伤亡事故等级

根据国务院 493 号令《生产安全事故报告和调查处理条例》,由生产安全事故(以下简称事故)造成的人员伤亡或直接经济损失,事故一般分为以下等级。

(1)特别重大事故,是指造成30人以上死亡,或者100人以上重伤(包括急性工业中毒,下同),或者造成1亿元人民币以上直接经济损失的事故。

(2)重大事故,是指造成10人以上30人以下死亡,或者50人以上100人以下重伤,或者5000万元人民币以上1亿元人民币以下,直接经济损失的事故。

(3)较大事故,是指造成3人以上10人以下死亡,或者10人以上50人以下重伤;或者1000万元人民币以上10人以下死亡,或者10人以上50人以下重伤,或者1000万元人民币以上5000万元人民币以下直接经济损失的事故。

(4)一般事故,是指造成3人以下死亡,或者10人以下重伤,或者1000万元人民币以下直接经济损失的事故。

国务院安全生产篮督管理部门可以会同国务院有关部门,制定事故等级划分的补充性规定。

按事故的严重程度进行分类时,应注意以下三个问题。

(1)关于事故严重程度的分类无客观技术标准,主要是能够适应行政管理的需要,在组织事故调查和在事故处理过程中便于记录和汇报。

(2)关于轻、重的划分既有政策方面的规定,又是一个复杂的医学问题。同时为保证事故报告不跨月,伤亡数字的真实性,多数伤害要求在事故现场、抢救过程、医疗时给予确定,少数伤害可根据病情可能导致的结果来确定。因此,允许最终医疗鉴定与实际统计报告有差别。

(3)根据《企业职工伤亡事故分类》(GB 6441—1986)规定的伤亡事故“损失工作日”,即:轻伤,指损失1个工作日至不超过105个工作日的失能伤害;重伤,指损失工作日等于和超过105个工作日的失能伤害;死亡,损失工作日定为6000个工作日。“损失工作日”的概念,其目的是估价事故在劳动力方面造成的直接损失。因此,某种伤害的损失工作日数一经确定,即为标准值,与伤害者的实际休息日无关。

建设部根据工程建设过程中事故伤亡和损失程度的不同,把工程建设重大事故分为四个等级。

(1)一级重大事故,死亡30人以上或直接经济损失300万元人民币以上的。

(2)二级重大事故,死亡10人以上,29人以下或直接经济损失100万元人民币以上,不满300万元人民币的。

(3)三级重大事故,死亡3人以上,9人以下,重伤20人以上或直接经济损失30万元以上,不满100万元人民币的。

(4)四级重大事故,死亡2人以下;重伤3人以上、19人以下或直接经济损失10万元以上,不满30万元人民币的。

❷ 伤亡事故类别

按照直接致使职工受到伤害的原因(即伤害方式)分类。

(1)物体打击,指落物、滚石、锤击、碎裂崩块、碰伤等伤害,包括因爆炸而引起的物体打击。

(2)提升、车辆伤害,包括挤、压、撞、倾覆等。

(3)机械伤害,包括绞、碾、碰、割、戳等。

(4)起重伤害,指起重设备或操作过程中所引起的伤害。

(5)触电,包括雷击伤害。

(6)淹溺。

(7)灼烫。

(8)火灾。

(9)高处坠落,包括从架子、屋顶上坠落以及从平地坠入地坑等。

(10)坍塌,包括建筑物、堆置物、土石方倒塌等。

(11)冒顶片帮。

(12)透水。

(13)放炮

(14)火药爆炸,指生产、运输、储藏过程中发生的爆炸。

(15)瓦斯煤尘爆炸,包括煤粉爆炸。

(16)其他爆炸,包括锅炉爆炸、容器爆炸、化学爆炸、炉膛、钢水包爆炸等。

(17)煤与瓦斯突出。

(18)中毒和窒息,指煤气、油气、沥青、化学、一氧化碳中毒等。

(19)其他伤害,如扭伤、跌伤、野兽咬伤等。

第二节　事故应急救援预案

一、事故应急救援体系

❶ 事故应急救援的基本任务

事故应急救援的总目标是通过有效的应急救援行动,尽可能地降低事故的后果,包括人员伤亡、财产损失和环境破坏等。事故应急救援的基本任务包括下述几个方面。

(1)立即组织营救受害人员,组织撤离或者采取其他措施保护危害区域内的其他人员。抢救受害人员是应急救援的首要任务。在应急救援行动中,快速、准确、有效地实施现场急救与安全转送伤员,是降低伤亡率、减少事故损失的关键。由于重大事故发生突然、扩散迅速、涉及范围广、危害大,应及时指导和组织群众采取各种措施进行自身防护,必要时迅速撤离危险区或可能受到危害的区域。在撤离过程中,应积极组织群众开展自救和互救工作。

(2)迅速控制事态,并对事故造成的危害进行检测、监测,测定事故的危害区域、危害性质及危害程度。及时控制住造成事故的危险源是应急救援工作的重要任务。只有及时地控制住危险源,防止事故的继续扩展,才能及时有效地进行救援。特别对发生在城市或人口稠密地区的化学事故,应尽快组织工程抢险队与事故单位技术人员一起及时控制事故继续扩展。

(3)消除危害后果,做好现场恢复。针对事故对人体、动植物、土壤、空气等造成的现实危害和可能的危害,迅速采取封闭、隔离、洗消、监测等措施,防止对人的继续危害和对环境的污染。及时清理废墟和恢复基本设施,将事故现场恢复至相对稳定的状态。

(4)查清事故原因,评估危害程度。事故发生后应及时调查事故的发生原因和事故性质,评估出事故的危害范围和危险程度,查明人员伤亡情况,做好事故原因调查,并总结救援工作中的经验和教训。

❷ 事故应急救援的特点

事故应急救援工作涉及技术事故、自然灾害(引发)、城市生命线、重大工程、公共活动场所、公共交通、公共卫生和人为突发事件等多个公共安全领域,构成一个复杂系统,具有不确定性、突发性、复杂性和后果、影响易猝变、激化、放大的特点。

1)不确定性和突发性

不确定性和突发性是各类公共安全事故、灾害与事件的共同特征,大部分事故都是突然爆发,爆发前基本没有明显征兆,而且一旦发生,发展蔓延迅速,甚至失控。

2)应急活动的复杂性

应急活动的复杂性主要表现在：事故、灾害或事件影响因素与演变规律的不确定性和不可预见的多变性；众多来自不同部门参与应急救援活动的单位，在信息沟通、行动协调与指挥、授权与职责、通信等方面的有效组织和管理，以及应急响应过程中公众的反应、恐慌心理、公众过激等突发行为的复杂性等。

3）后果易猝变、激化和放大

公共安全事故、灾害与事件虽然是小概率事件，但后果一般比较严重，能造成广泛的公众影响，应急处理稍有不慎，就可能改变事故、灾害与事件的性质，使其从平稳、有序、和平状态向动态、混乱和冲突方面发展，引起事故、灾害与事件波及范围扩展，卷入人群数量增加和人员伤亡与财产损失后果加大，猝变、激化与放大造成的失控状态，不但迫使应急呼应升级，甚至可以导致社会性危机出现，使公众立即陷入巨大的动荡与恐慌之中。

❸ 应急预案的分类

（1）总体预案是城市的整体预案，是在综合考虑各种主要突发公共事件危害的基础上，从总体上阐述城市的应急方针、政策，应急组织结构、部门职责，应急行动的总体思路以及相应的资源准备、救援保障情况等。总体预案是综合、全面的预案，以场外指挥与集中指挥为主，侧重在应急救援活动的组织协调。

（2）专项预案主要针对某种具体的、特定类型突发公共事件的紧急情况，例如危险物质泄漏、重大传染疾病流行、某一自然灾害出现等，采取综合性与专业性的减灾、防灾、救灾和灾后恢复行动，而制订的应急预案。专项预案是在综合预案的基础上，充分考虑了某种特定危险的特点，对应急的形势、组织机构、应急行动等进行更具体的阐述，具有较强的针对性。

（3）现场预案是在专项预案的基础上，根据具体情况需要而编制的。它是针对特定的具体场所（即以现场为目标，通常是该

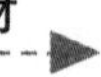

类型事故风险较大的场所或重要防护区域等)制定的预案。

(4)单项预案是针对城市大型公众聚集活动和高风险的建筑施工活动而制订的临时性应急救援行动方案。随着这些活动的结束,预案的有效性也随之终结。预案的内容主要是针对活动中可能出现的紧急情况,预先对相关应急机构的职责、任务和预防性措施做出的安排。

❹ 事故应急预案的作用

事故应急预案在应急系统中起着关键作用,它明确了在突发事故发生之前、发生过程中以及刚刚结束之后,谁负责做什么、何时做,以及相应的策略和资源准备等。它是针对可能发生的重大事故及其影响和后果的严重程度,为应急准备和应急响应的各个方面所预先做出的详细安排,是开展及时、有序和有效事故应急救援工作的行动指南。

1)事故应急预案在应急救援中的重要作用

(1)应急预案明确了应急救援队的范围和体系,使应急准备和应急管理不再是无据可依、无章可循,尤其是培训和演习工作的开展。

(2)制订应急预案有利于做出及时的应急响应,降低事故的危害程度。

(3)事故应急预案成为各类突发重大事故的应急基础。通过编制基本应急预案,可保证应急预案足够灵活,对那些事先无法预料的突发事件或事故,也可以起到基本的应急指导作用,成为开展应急救援的“底线”。在此基础上,可以针对特定危害编制专项应急预案,有针对性地制定应急措施、进行专项应急准备和演习。

(4)当发生超过应急能力的重大事故时,便于与上级应急部门进行协调。

(5)有利于提高风险防范意识。

2)策划应急预案时应考虑的因素

策划应急预案时应进行合理策划,做到重点突出,反映主要的重大事故风险,并避免预案相互孤立、交叉和矛盾。策划重大事故应急预案时应充分考虑下列因素。

(1)重大危险普查的结果,包括重大危险源的数量、种类及分布情况,重大事故隐患情况等。

(2)本地区的地质、气象、水文等不利的自然条件(如地震、洪水、台风等)及其影响。

(3)本地区以及国家和上级机构已制定的应急预案情况。

(4)本地区以往灾难事故的发生情况。

(5)功能区布置及相互影响情况。

(6)周边重大危险可能带来的影响。

(7)国家及地方相关法律法规的要求。

5 事故应急管理的过程

尽管重大事故的发生具有突发性和偶然性,但重大事故的应急管理不只限于事故发生后的应急救援行动。应急管理是对重大事故的全过程管理,贯穿于事故发生前、中、后的各个过程,充分体现了“预防为主,常备不懈”的应急思想。应急管理是一个动态的过程,包括预防、准备、响应和恢复 4 个阶段。尽管在实际情况中这些阶段往往是交叉的,但每一阶段都有自己明确的目标,而且每一阶段又是构筑在前一阶段的基础之上,因而预防、准备、响应和恢复的相互关联,构成了重大事故应急管理的循环过程。

1)预防

在应急管理中预防有两层含义,一是事故的预防工作,即通过安全管理和安全技术等手段,尽可能地防止事故的发生,实现本质安全;二是在假定事故必然发生的前提下,通过预先采取的

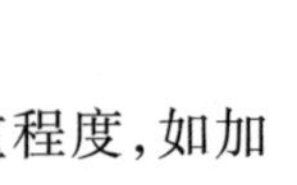

预防措施,达到降低或减缓事故的影响或后果的严重程度,如加大建筑物的安全距离、工厂选址的安全规划、减少危险物品的存量、设置防护墙以及开展公众教育等。从长远看,低成本、高效率的预防措施是减少事故损失的关键。

2)准备

应急准备是应急管理过程中一个极其关键的过程。它是针对可能发生的事故,为迅速有效地开展应急行动而预先做的各种准备,包括应急体系的建立、有关部门和人员职责的落实、预案的编制、应急队伍的建设、应急设备(施)与物资的准备和维护、预案的演练、与外部应急力量的衔接等,其目标是保持重大事故应急救援所需的应急能力。

3)响应

应急响应是在事故发生后立即采取的应急与救援行动,包括事故的报警与通报、人员的紧急疏散、急救与医疗、消防和工程抢险措施、信息收集与应急决策和外部救援等。其目标是尽可能地抢救受害人员,保护可能受威胁的人群,尽可能控制并消除事故。

4)恢复

恢复工作应在事故发生后立即进行。首先应使事故影响区域恢复到相对安全的基本状态,然后逐步恢复到正常状态。要求立即进行的恢复工作包括事故损失评估、原因调查、清理废墟等。在短期恢复工作中,应注意避免出现新的紧急情况。长期恢复包括厂区重建和受影响区域的重新规划和发展。在长期恢复工作中,应汲取事故和应急救援的经验教训,开展进一步的预防工作和减灾行动。

❻ 事故应急救援体系的建立

1)事故应急救援体系的基本构成

由于潜在的重大事故风险多种多样,所以相应每一类事放灾难的应急救援措施可能千差万别,但其基本应急模式是一致的。构建应急救援体系,应贯彻顶层设计和系统论的思想,以事件为中心,以功能为基础,分析和明确应急救援工作的各项需求,在应急能力评估和应急资源统筹安排的基础上,科学地建立规范化、标准化的应急救援体系,保障各级应急救援体系的统一和协调。

一个完整的应急体系应由组织体制、运作机制、法制基础和应急保障系统四部分构成(图 6-1)。

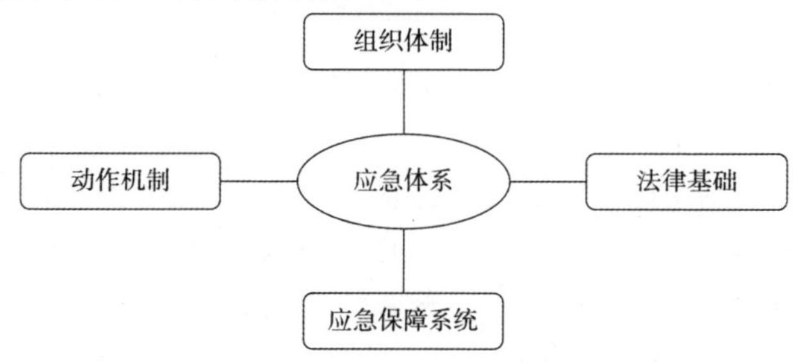

图 6-1　应急体系结构图

(1)组织体制。应急救援体系组织体制建设中的管理机构是指维持应急日常管理的负责部门;功能部门包括与应急活动有关的各类组织机构,如消防、医疗机构等;应急指挥是在应急预案启动后,负责应急救援活动场外与场内指挥系统;而救援队伍则由专业和志愿人员组成。

(2)运作机制。应急救援活动一般划分为应急准备、初级反应、扩大应急和应急恢复 4 个阶段,应急机制与这四阶段的应急活动密切相关。应急运作机制主要由统一指挥、分级响应、属地为主和公众动员这四个基本机制组成。

统一指挥是应急活动的最基本原则。应急指挥一般可分为集中指挥与现场指挥,或场外指挥与场内指挥等。无论采用哪一种指挥系统,都必须实行统一指挥的模式,无论应急救援活动涉及单位的行政级别高低和隶属关系不同,都必须在应急指挥部的统一组织协调下行动,有令则行,有禁则止,统一号令,步调一致。

分级响应是指在初级响应到扩大应急的过程中实行的分级响应机制。扩大或提高应急级别的主要依据是事故灾难的危害程度,影响范围和控制事故能力。影响范围和控制事态能力是“升级”的最基本条件。扩大应急救援主要是提高指挥级别、扩大应急范围等。

属地为主强调“第一反应”的思想和以现场应急、现场指挥为主的原则。

公众动员机制是应急机制的基础,也是整个应急体系的基础。

(3)法制基础。法制建设是应急体系的基础和保障,也是开展各项应急活动的依据,与应急有关的法规可分为四个层次:由立法机关通过的法律,如紧急状态法、公民知情权法和紧急动员法等;由政府颁布的规章,如应急救援管理条例等;包括预案在内的以政府令形式颁布的政府法令、规定等;与应急救援活动直接有关的标准或管理办法等。

(4)保障系统。列于应急保障系统第一位的是信息与通信系统,构筑集中管理的信息通信平台是应急体系最重要的基础建设。应急信息通信系统要保证所有预警、报警、警报、报告、指挥等活动的信息交流快速、顺畅、准桷,以及信息资源共享;物资与准备不但要保证有足够的资源,而且还要实现快速、及时供应到位;人力资源保障包括专业队伍的加强、志愿人员以及其他有关人员的培训教育;应急财务保障应建立专项应急科目,如应急基金等,以保障应急管理运行和应急反应中各项活动的开支。

2)事故应急救援体系响应机制

重大事故应急救援体系应根据事故的性质、严重程度、事态发展趋势和控制能力实行分级响应机制,对不同的响应级别,相应的明确事故的通报范围、应急中心的启动程度、应急力量的出动和设备、物资的调集规模、疏散的范围、应急总指挥的职位等。典型的响应级别通常可分为三级。

(1)一级紧急情况。必须利用所有有关部门及一切资源的紧急情况,或者需要各个部门同外部机构联合处理的各种紧急情况,通常要宣布进入紧急状态。在该级别中,做出主要决定的职责通常是紧急事务管理部门。现场指挥部可在现场做出保护生命和财产以及控制事态所必需的各种决定。解决整个紧急事件的决定,应该由紧急事务管理部门负责。

(2)二级紧急情况。需要两个或更多个部门响应的紧急情况。该事故的救援需要有关部门的协作,并且提供人员、设备或其他资源。该级响应需要成立现场指挥部来统一指挥现场的应急救援行动。

(3)三级紧急情况。能被一个部门正常可利用的资源处理的紧急情况。正常可利用的资源指在该部门权力范围内通常可以利用的应急资源,包括人力和物力等。必要时,该部门可以建立一个现场指挥部,所需的后勤支持、人员或其他资源增援由本部门负责解决。

3)事故应急救援体系响应程序

事故应急救援系统的应急响应程度按过程可分为接警、响应级别确定、应急启动、救援行动、应急恢复和应急结束等几个过程(图6-2)。

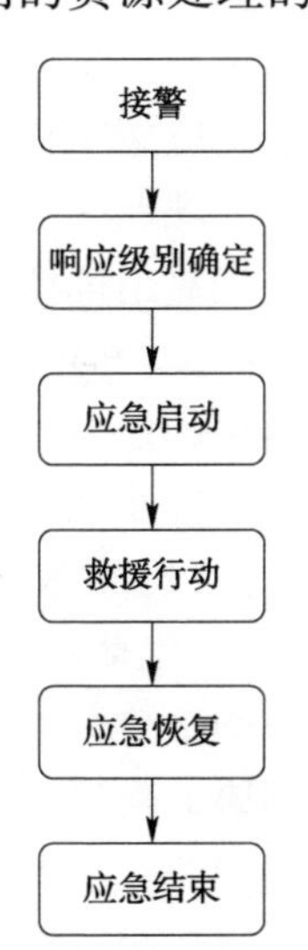

图6-2　应急响应程序

(1)接警与响应级别确定。接到事故报警后,按照工作程序。对警情做出判断,初步确定相应的响应级别。如果事故不足以启动应急救援体系的最低响应级别,响应关闭。

(2)应急启动。应急响应级别确定后,按所确定的响应级别启动应急程序。如通知应急中

心有关人员到位、开通信息与通信网络、通知调配救援所需的应急资源（包括应急队伍和物资、装备）、成立现场指挥部等。

（3）救援行动。有关应急队伍进入事故现场后，迅速开展事故侦测、警戒、疏散、人员救助、工程抢险等有关应急救援工作，专家组为救援决策提供建议和技术支持。当事态超出响应级别无法得到有效控制时，向应急中心请求实施更高级别的应急响应。

（4）应急恢复。救援行动结束后，进入临时应急恢复阶段。该阶段主要包括现场清理、人员清点和撤离、警戒解除、善后处理和事故调查等。

（5）应急结束。执行应急关闭程序，由事故总指挥宣布应急结束。

4）现场指挥系统的组织结构

重大事故的现场情况往往十分复杂，且汇集了各方面的应急力量与大量的资源，应急救援行动的组织、指挥和管理成为重大事故应急工作所面临的一个严峻挑战。

现场应急指挥系统的结构应当在紧急事件发生前就已建立，预先对指挥结构达成一致意向，将有助于保证应急各方明确各自的职责，并在应急救援过程中更好地履行职责。现场指挥系统模块化的结构由指挥、行动、策划、后勤以及资金/行政五个核心应急响应职能组成。

（1）事故指挥官。事故指挥官负责现场应急响应所有方面的工作，包括确定事故目标及实现目标的策略，批准实施书面或口头的事故行动计划，高效地调配现场资源，落实保障人员安全与健康的措施，管理现场所有的应急行动。事故指挥官可将应急过程中的安全问题、信息收集与发布以及与应急各方的通信联络分别指定相应的负责人，如信息负责人、联络负责人和安全负责人。各负责人直接向事故指挥官汇报。

（2）行动部。行动部负责所有主要的应急行动，包括消防与抢险、人员搜救、医疗救治、疏散与安置等。所有的战术行动都依据事故行动计划来完成。

(3)策划部。策划部负责收集、评价、分析及发布事故相关的战术信息,准备和起草事故行动计划,并对有关的信息进行归档。

(4)后勤部。后勤部负责为事故的应急响应提供设备、设施、物资、人员、运输、服务等。

(5)资金/行政部。资金/行政部负责跟踪事故的所有费用并进行评估,承担其他职能未涉及的管理职责。

二、事故应急预案的案例与编制

❶ 重大事故应急预案的层次

基于可能面临多种类型的突发重大事故或灾害,为保证各种类型预案之间的整体协调性和层次,并实现共性与个性、通用性与特殊性的结合,对应急预案合理地划分层次,是将各种类型应急预案有机组合在一起的有效方法。

1)综合预案

综合预案相当于总体预案,从总体上阐述预案的应急方针、政策,应急组织结构及相应的职责,应急行动的总体思路等。通过综合预案,可以很清晰地了解应急的组织体系、运行机制及预案的文件体系。更重要的是,综合预案可以作为应急救援工作的基础和“底线”,对那些没有预料的紧急情况也能起到一般的应急指导作用。

2)专项预案

专项预案是针对某种具体的、特定类型的紧急情况,如危险物质泄漏、火灾、某一自然灾害等的应急而制定的。专项预案是在综合预案的基础上,充分考虑了某种特定危险的特点,对应急

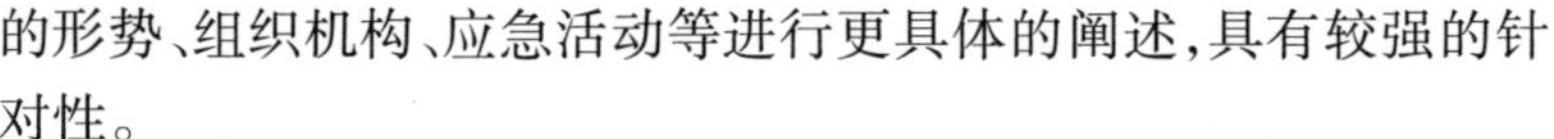

的形势、组织机构、应急活动等进行更具体的阐述，具有较强的针对性。

3）现场预案

现场预案是在专项预案的基础上，根据具体情况而编制的。它是针对特定的具体场所（通常是该类型事故风险较大的场所、装置或重要防护区等）所制订的预案。

❷ 应急预案的基本结构

不同的应急预案由于各自所处的层次和适用的范围不同，因而在内容的详略程度和侧重点上会有所不同，但都可以采用相似的基本结构。预案编制结构是由一个基本预案加上应急功能设置、特殊风险管理、标准操作程序和支持附件构成的。

1）基本预案

基本预案是应急预案的总体描述，主要阐述应急预案所要解决的紧急情况、应急的组织体系、方针、应急资源、应急的总体思路，并明确各应急组织在应急行动中的职责以及应急预案的演练和管理等规定。

2）应急功能设置

应急功能是指针对各类重大事故应急救援中通常采取的一系列的基本应急行动和任务，如指挥和控制、警报、通信、人群疏散与安置、医疗、现场管制等。因此，设置应急功能时，应针对潜在重大事故的特点综合分析并将其分配给相关部门。对每一项应急功能都应明确其针对的形势、目标、负责机构和支持机构、任务要求，应急准备和操作程序等。

应急预案中包含的应急功能的数量和类型，主要取决于所针对的潜在重大事故危险的类型，以及应急的组织方式和运行机制等具体情况。

3）特殊风险管理

特殊风险指根据某类事故灾难、灾害的典型特征，需要对其应急功能做出针对性安排的风险。应说明处置此类风险应该设置的专有应急功能或有关应急功能所需的特殊要求，明确这些应急功能的责任部门、支持部门、有限介入部门以及它们的职责和任务，为制订该类风险的专项预案提出特殊要求和指导。

❸ 应急预案的编制流程

（1）成立由各有关部门组成的预案编制小组，指定负责人。

（2）危险分析和应急能力评估。辨识可能发生的重大事故风险，并进行影响范围和后果分析（即危险识别、脆弱性分析和风险分析）；分析应急资源需求，评估现有的应急能力。

（3）编制应急预案。根据危险分析和应急能力评估的结果，确定最佳的应急策略。

（4）应急预案的评审与发布。预案编制后应组织开展预案的评审工作，包括内部评审和外部评审，以确保应急预案的科学性、合理性以及与实际情况的符合性。预案经评审完善后，由主要负责人签署发布，并按规定报送上级有关部门备案。

（5）应急预案的实施。预案经批准发布后，应组织落实预案中的各项工作，如开展应急预案宣传、教育和培训，落实应急资源并定期检查，组织开展应急演习和训练，建立电子化的应急预案，对应急预案实时动态管理与更新，并不断完善。

❹ 重大事故应急预案核心要素及编制要求

1）应急预案的内容

应急预案是针对可能发生的重大事故所需的应急准备和应急响应行动而制定的指导性文件，其核心内容如下。

（1）对紧急情况或事故灾害及其后果的预测、辨识和评估。

（2）规定应急救援各方组织的详细职责。

（3）应急救援行动的指挥与协调。

(4)应急救援中可用的人员、设备、设施、物资、经费保障和其他资源,包括社会和外部援助资源等。

(5)在紧急情况或事故灾害发生时保护生命、财产和环境安全的措施。

(6)现场恢复。

(7)其他,如应急培训和演练,法律法规的要求等。

2)方针与原则

应急救援体系首先应有一个明确的方针和原则来作为指导应急救援工作的纲领。方针与原则反映了应急救援工作的优先方向、政策、范围和总体目标,如保护人员安全优先,防止和控制事故蔓延优先,保护环境优先。此外,方针与原则还应体现事故损失控制、预防为主、常备不懈、统一指挥、高效协调以及持续改进的思想。

3)应急策划

应急预案是有针对性的,具有明确的对象,其对象可能是某一类或多类可能的重大事故类型。应急预案的制定必须基于对所针对的潜在事故类型有一个全面系统的认识和评价,识别出重要的潜在事故类型、性质、区域、分布及事故后果,同时,根据危险分析的结果,分析应急救援的应急力量和可用资源情况,并提出建设性意见。在进行应急策划时,应当列出国家、地方相关的法律法规,以作为预案的制定、应急工作的依据和授权。应急策划包括危险分析、资源分析以及法律法规要求三个二级要素。

(1)危险分析。危险分析的最终目的是要明确应急的对象(可能存在的重大事故)、事故的性质及其影响范围、后果严重程度等,为应急准备、应急响应和减灾措施提供决策和指导依据。危险分析包括危险识别、脆弱性分析和风险分析。危险分析应依据国家和地方有关的法律法规要求,根据具体情况进行。危险分析的结果应能提供:

①地理、人文(包括人口分布)、地质、气象等信息。

②功能布局(包括重要保护目标)及交通情况。

③重大危险源分布情况及主要危险物质种类、数量及理化、消防等特性。

④可能的重大事故种类及对周边的后果分析。

⑤特定的时段(如人群高峰时间、度假季节、大型活动等)。

⑥可能影响应急救援的不利因素。

(2)资源分析。针对危险分析所确定的主要危险,明确应急救援所需的资源,列出可用的应急力量和资源,包括下列内容:

①各类应急力量的组成及分布情况。

②各种重要应急设备、物资的准备情况。

③上级救援机构或周边可用的应急资源。

通过资源分析,为应急资源的规划与配备、相邻地区签订互助协议和预案编制提供指导。

4)应急准备

应急预案能否在应急救援中成功地发挥作用,不仅仅取决于应急预案自身的完善程度,还取决于应急准备的充分与否。应急准备应当依据应急策划的结果开展,包括各应急组织及其职责权限的明确、应急资源的准备与公众教育、应急人员培训、预案演练和互助协议的签署等。

(1)机构与职责。为保证应急救援工作反应迅速、协调有序,必须建立完善的应急机构组织体系,包括城市应急管理的领导机构、应急响应中心以及各有关机构部门等。对应急救援中承担任务的所有应急组织,应明确相应的职责、负责人、候补人及联络方式。

(2)应急资源。应急资源的准备是应急救援工作的重要保障,应根据潜在事故的性质和后果分析,合理组建专业和社会救援力量,配备应急救援中所需的消防手段、各种救援机械和设备、监测仪器、堵漏和消防材料、交通工具、个体防护设备、医疗设备和药品、生活保障物资等，并定期检查、维护与更新，保证始终处于完好状态。另外，对应急资源信息应实施有效的管理与更新。

❺ 预案管理与评审改进

应急预案是应急救援工作的指导文件，具有法规权威性，所以应当对预案的制定、修改、更新、批准和发布做出明确的管理规定，并保证定期或在应急演习、应急救援后对应急预案进行评审，针对实际情况以及预案中所暴露出的缺陷，不断地更新、完善和改进。

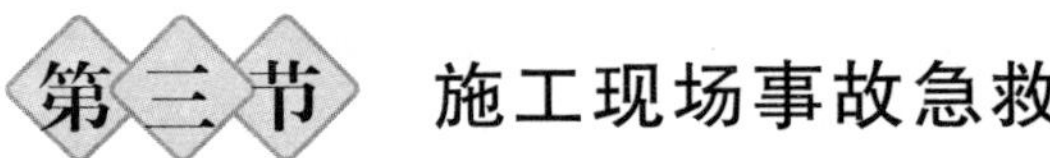

第三节 施工现场事故急救

一、火灾急救

❶ 火灾急救基本要点

（1）施工现场发生火灾、火灾事故时，应立即了解起火部位、燃烧的物质等基本情况，拨打“119”向消防部门报警，同时组织撤离和扑救。

（2）在消防部门到达前，对易燃易爆的物质采取正确有效的隔离。如切断电源，撤离火场内的人员和周围易燃易爆物及一切贵重物品，根据火场情况，机动灵活地选择灭火器具。

（3）救火人员应注意自我保护，使用灭火器材救火时应站在上风位置，以防因烈火、浓烟熏烤而受到伤害（图6-3）。

（4）必须穿越浓烟逃走时，应尽量用浸湿的衣物披裹身体，用湿毛巾或湿布捂住口鼻，或贴近地面爬行。身上着火时，可就地打滚，或用厚重衣物覆盖压灭火苗。

(5)大火封门无法逃生时,可用浸湿的被褥衣物等堵塞门缝,泼水降温,呼救待援。

图6-3　消防应急救援

(6)在扑救的同时要注意周围情况,防止中毒、坍塌、坠落、触电、物体打击等二次事故的发生。

(7)在灭火后,应保护火灾现场,以便事后调查起火原因。

(8)烧伤人员现场的救治。

①伤员身上燃烧着的衣服一时难以脱下时,可让伤员躺在地上滚动,或用水洒扑灭火焰。如附近有河沟或水池,可让伤员跳入水中。如为肢体烧伤则可把肢体直接浸入冷水中灭火和降温,以保护身体组织免受灼烧的伤害。

②用清洁包布覆盖烧创面做简单包扎,避免创面污染。

③伤员口渴时可适量饮水或含盐饮料。

④经现场处理后的伤员要迅速转送医院救治,转送过程中要注意观察呼吸、脉搏、血压等的变化。

(9)正确使用灭火器材。水是最常用的灭火剂,资源丰富,但是水不能用于扑救带电设备的火灾。

①酸碱灭火器,使用时倒过来稍加摇动或打开开关,药剂喷出;适合扑救油类的火灾。

②二氧化碳灭火器。二氧化碳灭火器适用于扑救贵重仪器

及设备的火灾，不能扑救金属钾、钠、镁、铝等物质的火灾，使用时一手拿好喇叭筒对准火源，另一手打开开关即可。

③干粉灭火器。干粉灭火器适用于扑救石油产品、有机溶剂和电气设备的火灾，打开保险销，把喷管口对准火源，拉出拉环即可。

❷ 烧伤伤情的判断

烧伤伤情根据烧创面积、深度及烧伤部位判断。

(1)烧创面面积的估算。一般的，较大面积的烧伤，按人体皮肤面积的百分数估算。如头部、面部、颈部烧伤各为3%；上臂为3.5×2%；躯干前面、后面各为13%；大腿为10.5×2%等。较小面积的烧伤，按伤员五指并拢时手掌的面积为1%估算。

(2)烧伤深度的估计。烧伤深度的估计，一般根据损伤程度和特点进行。Ⅰ度烧伤，损伤程度为表皮层，特点为红斑；浅Ⅱ度烧伤，损害程度为表皮和真皮浅层，特点是水泡、水肿严重；深Ⅱ度烧伤，损害程度为表皮和真皮深层，特点是网状血管栓塞；Ⅲ度烧伤，损害程度为全层皮肤或更深，特点是苍白或炭化树枝状血管栓塞。

(3)烧伤部位判断。头面部烧伤水肿严重，颈部一圈都被烧伤，可能压迫气管，影响呼吸；呼吸道烧伤易发生肺水肿和窒息；手和关节部位烧伤，如治疗不当，常会造成畸形。

根据医学的有关烧伤分类标准，烧伤伤情可分为：

①轻度烧伤，总面积在10%以下的Ⅱ度烧伤。

②中度烧伤，总面积在11%～30%或Ⅲ度伤在10%以下的烧伤。

③重度烧伤，总面积在31%～50%或Ⅲ度伤在11%～20%的烧伤。烧创面积虽不到30%，但有下列情况者，也属重度烧伤：全身情况较重或已有休克；合并有其他严重的创伤或化学中毒；严

重呼吸道烧伤。

④特重烧伤，总面积在50%以上或Ⅲ度伤在20%以上的烧伤。

二、溺水急救

❶ 溺水情况

(1)游泳时间过长，体力耗竭或受冷水刺激发生肢体抽搐。

(2)游泳能力弱者意外溺水。

(3)潜水反射导致心搏骤停。

❷ 打捞溺水者

发现溺水者时，救护者应果断、沉着，迅速观察现场环境(水的深度、溺水者在水中的位置)，然后走到距离最近的地方下水抢救。

(1)抢救时，最好是向溺水者抛掷救生用具，如救生圈、木板、绳索、长杆等。没有救生用具时才直接下水抢救。如在流水中抢救，救护者应在溺水者上游下水，以保持和节省体力。

(2)抢救前，应脱去衣服、鞋履，以减少阻力，防止被溺者托缠。救小孩或比自己身材矮小得多的溺小者，可随意向其游去，否则最好呼叫同伴一齐下水。

(3)溺水者沉没水中时，应根据水面气泡决定其位置。在静水中，溺水者在气泡下面；流水中，溺水者在气泡的上流斜方向。

(4)游近溺水者时，应从其背后接近，并高声地向其呼唤给予安慰，同时，嘱其不要挣扎，要听自己的摆布。

(5)溺水者沉没水底时，急救者应在其入水的地方潜入(如果是流水，应在其下游潜入)。入水后睁开眼睛，用双手搜索。如果多人打捞，可以排成一字形，齐头并进搜索，如果水浑浊以致看不到别人时，遇到同伴可用手紧握一下作为暗号。捞到溺水者时，最好抓其臂膀（或其头发、或其下颌）拖带其浮出水面。

（6）溺水者惊慌时，很可能与施救者纠缠，这时救护者最好和溺水者一齐沉没在水中，溺水者为了呼吸自然会松开两手进行挣扎。这时，救护者可以设法到其背面，两手握住仰卧水中的溺水者的左右面颊，用反蛙泳拖带回岸边。

❸ 溺水者的急救处理要点

溺水时，大量水灌入伤员肺内，可能造成呼吸困难而窒息死亡。所以，溺水伤员被打捞以后，应采取以下急救措施。

（1）转送。要立即把其送到比较温暖、空气流通的地方，松开腰带，脱掉湿衣服，盖上干衣服，不要受凉。

（2）检查。以最快的速度检查溺水者的口鼻，如有泥沙、污物堵塞，应迅速清除，保证呼吸畅通。

（3）控水。使溺水者处俯卧状态，用枕头、衣服等垫在其肚子下面，或将左腿跪下，把溺水者腹部放在救护者的右侧大腿上，使其头朝下，并压其背部，借此体位使体内水分由气管、口腔中流出。

（4）人工呼吸。上述方法控水效果不理想时，应立即作俯卧压背式人工呼吸和口对口吹气，有条件时，可插管输氧。

（5）胸外心脏按压。

（6）药物注射。在进行人工呼吸和胸外心脏按压的同时为促使心脏复跳，可用0.1%肾上腺素或异丙基肾上腺素0.5～1L于心腔内注射。方法是：在胸部左侧第四肋间隙靠近胸骨左缘，用长针头垂直刺入4～5cm，抽到回血，即可推药注入，酌情反复使用若干次。

（7）预防感染。溺水者救醒后，为防止其吸入性肺炎，应注射抗生素，同时给予少量浓茶或热姜汤，以抗寒防感冒。

三、触电急救

电对人体的伤害分为电伤和触电两种，电伤是因电的热效应造成的，多见于高压电气设备，触电又称电击。

电击常见原因是人体直接接触电源，或者在超高压电或高压电电场中，电流或静电电荷经空气或其他介质电击人体。意外电击常见于风暴、火灾、地震等使电线断裂，或违反用电操作规程。

❶ 触电症状

(1)触电的局部症状是烧伤。

①低压电流造成的烧伤，创面小，直径一般为0.5～2cm，呈半圆形或蚕豆状，创面为白色或黄色，边缘规则整齐、干燥，偶尔也可见到水泡，但无明显疼痛。此种烧伤多见于手、臂及脚，正是电流的进、出口处。

②高压电流造成的烧伤，面积大，伤口深，多为干性创面，有时可见到电伤烙印，表面被烧焦或炭化，多呈Ⅲ度烧伤，局部组织常发生坏死，往往累及深部肌肉，肌腱、神经、血管和骨骼。

(2)触电的电击症状。瞬间接触电压低、电流小的电源时，因肌肉收缩而被弹离电源，触电部位有麻木感，伤员表情呆滞，精神紧张，面色苍白，呼吸心跳加快，部分敏感的伤员常会发生类似休克的状况，倒在地上，对周围暂时失去反应，此时如能脱离电源，多可很快恢复。客观检查一般无阳性体征，如对心脏实行长时间听诊(3～5min)，常能听到早期搏动。

接触较强电流时，触电部位发生刺痛、麻木、肌肉呈强直性挛缩，以致造成更大的危害，常因呼吸肌痉挛而尖叫，呼吸浅又快，不规则，进而呼吸困难；心跳加快，并能听到期前收缩或心律不齐；神志由淡漠转入昏迷状态；血压迅速下降。此时，如不能及时脱离电源，则很快因呼吸肌麻痹而停止呼吸，心室纤维性颤动或心跳骤然停止而死亡。

❷ 触电急救处理要点

(1)立即切断电源。这是最简单、安全、有效的方法，同时用干燥的木棒、竹竿等绝缘工具将电线挑开。应妥当放置挑开的电线，以防再次触电。

(2)假如触电者伤势不重，神志清醒，但有些内心惊慌，四肢发麻，全身无力，或触电者在触电过程中曾一度昏迷，但已清醒过来，则应保持空气流通和注意保暖，使触电者安静休息，严密观察，并请医生前来诊治或者送往医院。

(3)假如触电者伤势较重，已失去知觉，但心脏跳动和呼吸还存在，应使触电者舒适、安静地平卧；使空气流通；解开他的衣服以利呼吸，如天气寒冷，要注意保温，并迅速请医生诊治或送往医院。如果发现触电者呼吸困难，严重缺氧，面色发白或发生痉挛，应立即请医生作进一步抢救。

(4)假如触电者伤势严重，呼吸停止或心脏跳动停止，或二者都已停止，仍不可以认为已经死亡，应立即施行人工呼吸或胸外心脏按压，并迅速请医生诊治或送医院。

①人工呼吸法。人工呼吸法是在触电者停止呼吸后应用的急救方法。

施行人工呼吸前，应迅速将触电者身上妨碍呼吸的衣领、上衣、裤带等解开，使胸部能自由扩张，并迅速取出触电者口腔内妨碍呼吸的异物，以免堵塞呼吸道。做口对口人工呼吸时，应使触电者仰卧，并使其头部充分后仰，使鼻孔朝上，如舌根下陷，应把它拉出来，以利呼吸道畅通。

②胸外心脏按压法。胸外心脏按压法是触电者心脏跳动停止后的急救方法。

做胸外心脏按压时,应使触电者仰卧在比较坚实的地方,在触电者胸骨中段叩击1~2次,如无反应再进行胸外心脏按压。人工呼吸与胸外心脏按压应持续4~6h,直至病人清醒或出现尸斑为止,不要轻易放弃抢救。当然应尽快请医生到场抢救。

(5)如果触电人受外伤,可先用无菌生理盐水和温开水洗伤,再用干净绷带或布类包扎,然后送医院处理。如伤口出血,则应设法止血。

四、中毒事故急救

急性中毒是指在短时间内,人体接触、吸入、食用毒物,大量毒物进入人体后,突然发生的病变是威胁生命的主要原因。

施工现场一旦发生中毒事故,均应设法尽快使中毒人员脱离中毒现场、中毒物源,排除吸收的和未吸收的毒物。救护人员在将中毒人员脱离中毒现场的急救时,应注意自身的保护,在有毒有害气体发生场所,应视情况,采用加强通风或用湿毛巾等捂住口、鼻,腰系安全绳,并有场外人控制、应急,如有条件要使用防毒面具。

(1)在施工现场因接触油漆、涂料、沥青、外掺剂、添加剂、化学制品等有毒物品中毒时,应脱去污染的衣物并用大量的微温水清洗污染的皮肤、头发以及指甲等,对不溶于水的毒物用适宜的溶剂进行清洗。吸入毒物中毒人员尽可能送往有高压氧舱的医院救治。

(2)在施工现场食物中毒,对一般神志清楚者应设法催吐:喝微温水300~500mL,用压舌板等刺激咽后壁或舌根部以催吐,如此反复,直到吐出物为清亮物体为止。对催吐无效或神志不清者,则送往医院救治或拨打急救电话120。

在施工现场如已发现心跳、呼吸不规则或停止呼吸、心跳的

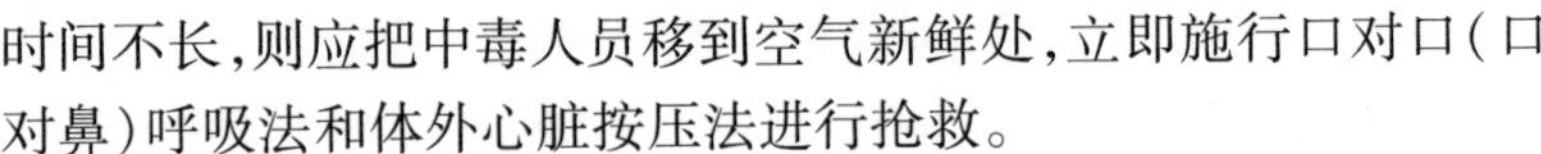

时间不长，则应把中毒人员移到空气新鲜处，立即施行口对口（口对鼻）呼吸法和体外心脏按压法进行抢救。

五、坍塌事故急救

坍塌事故是指物体在外力和重力的作用下，超过自身极限强度的破坏或因结构稳定失衡塌落而造成物体高处坠落、物体打击、挤压伤害及窒息的事故，此类事故因塌落物自重大，作用范围大，往往伤害人员多，后果严重，造成重大或特大人身伤亡事故。

坍塌事故主要包括土方坍塌、模板坍塌、脚手架坍塌、拆除工程的坍塌、建筑物及构筑物的坍塌事故等五种类型，前四种类型一般发生在施工作业中，最后一种一般发生在使用过程中。

当坍塌事故坍塌时，应采取以下措施：

（1）安排专人及时切断有关线路闸门，并对现场进行声像资料的收集。事故发生后，根据具体情况，采取人工、机械相结合的办法，处理坍塌现象，在接近边坡时，要暂停机械作业，全部改为人工扒构，以防误伤被埋人员，现场抢救中应安排专人对边坡、架料进行监护和清理，防止事故扩大。

（2）事故现场周围应放设警戒线，贯彻统一指挥、密切协调的原则，坍塌事故具有突发性，短时间内不易处理，所以处置行动必须做到接警调度快，到达快，准备快，疏散救人快。

（3）坚持救人第一的原则，有人员受到伤害时，应首先抢救工作人员。

（4）解决坍塌事故要讲究科学，避免急躁行动引发连续坍方事故的发生。

（5）安排人员做好事故调查取证工作，利于事故处理，防止证据遗失。

第七章　事故报告、调查处理及典型事故案例

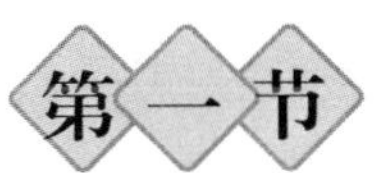

第一节　事故报告和调查处理

安全事故的报告和调查处理是施工项目安全管理工作的重要内容。交通建筑工程施工活动与其他生产活动相比,其生产过程复杂,作业条件恶劣,劳动强度大,事故发生率高,属于高危行业。因此,做好安全事故的报告和调查处理工作十分重要。

❶ 事故报告

事故报告是施工项目安全生产工作的重要内容。事故发生后,及时、准确、完整地报告事故,对于有效组织事故救援、减少事故损失具有十分重要的意义。

(1)事故报告的要求。

事故发生后,事故现场人员应当立即报告项目负责人。项目负责人接到事故报告后,按照有关规定,立即如实报告施工企业、业主和有关单位部门。

(2)事故报告的内容。

报告事故应包括下列内容:事故发生的时间、地点、事故单位、工程项目的具体施工部位及事故现场情况;事故发生的简要经过、伤亡人数、具体伤亡人员简况、直接经济损失的初步估计;事故发生原因的初步分析;事故发生后采取的措施及事故控制情

况；事故报告人、事故报告单位。

❷ 事故救援和现场处置

除做好事故报告外，更重要的是积极组织事故救援。项目负责人应当立即启动事故应急救援预案或迅速采取有效措施，组织抢救，防止事故扩大，减少人员伤亡和财产损失，保护好事故发生现场，将事故损失降到最低限度。事故应急救援和现场处置在本书第六章已经详细阐述，这里不再赘述。

❸ 事故调查

（1）事故调查的程序。

安全事故发生后，按下列程序进行事故调查：对于一般安全事故，由施工项目组织有关人员调查处理，必要时项目所属施工企业可协助调查处理；对于重大安全事故，按国家有关规定调查处理。

（2）事故调查的内容：

①查明事故发生经过、原因，人员伤亡、设备设施损坏和经济损失情况。

②认定事故性质，确定有关单位和人员的责任，提出认定依据以及对责任者的处理建议。

③指明应接受的事故教训，提出防范措施的建议。

④写出事故调查报告。事故调查报告应当包括下列内容：事故发生场所的基本情况；事故发生的时间、地点、经过和抢救情况；人员伤亡和经济损失情况；事故发生的原因；事故的性质；事故责任认定及对事故责任者的处理建议；事故教训和应当采取的措施；事故调查组名单；其他需要载明的事项。

❹ 事故处理

（1）事故处理的原则和程序。

①事故处理的原则。事故的处理坚持“四不放过”的原则，即

事故原因没有查出不放过，本人和群众没有受到教育不放过，防范措施没有制订不放过，事故责任者没有受到严肃处理不放过。

②事故处理的程序。对于一般安全事故（轻伤、重伤事故），由施工项目根据事故调查报告结案，报施工企业安全主管部门备案。对于重大安全事故，根据事故等级，按国家有关规定进行处理。

（2）建立安全事故档案。

事故档案内容应包括：职工伤亡事故登记表；职工死亡、重伤事故调查报告书；现场调查记录、图片、资料；鉴定、勘察记录及试验报告；物证、人证资料；直接、间接经济损失材料；伤者自述材料；医疗部门的诊断过程及结果；处分决定文件；事故调查人的姓名、职务；有关部门的事故结案批复。

第二节　典型事故案例分析

一、高处坠落事故

❶ 事故案例

（1）事故类别：高处坠落（图 7-1）。

（2）伤亡人员情况：8 人死亡，11 人受伤。

（3）直接经济损失：200 余万元。

（4）事故概况：某单位在承接的工程施工中，采用的是可分段式整体提升脚手架。由于该脚手架设计获有专利权，且使用情况特殊，升降难度较大，故将其脚手架全部安装升降作业，以工程分包的形式交给了该脚手架的设计单位进行。当日，在进行降架作业时，突然两个机位的承重螺栓断裂，造成连续 5 个机位上的 10

条承重螺栓相继被剪切，南侧51m长的架体与支撑架脱离，自44.3m高度坠落至地面，致使在架体上和地面上作业的20名工人，除一人从架体上跳入室内幸免外，其余19人中有8人死亡，11人受伤。在此事故处理中，对3名直接责任者追究了刑事责任，判处有期徒刑3～4年，对另外涉及的5名有关责任人分别给予了撤职、记过等行政处分。

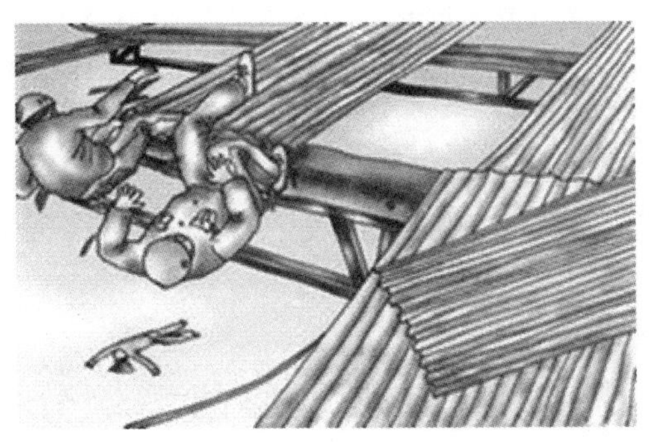

图7-1 高处坠落事故

❷ 事故原因分析

(1)承重螺栓安装不合理，造成螺栓实际承受的载荷远远超过材料能够承受的载荷；脚手架整体超重，实际载荷是原设计载荷的2.7倍，这是事故发生的直接原因。

(2)施工管理混乱，规章制度不落实。在事故调查中，发现该设计施工方案与现场实际情况不符；盲目和擅自变更施工方案；发现事故隐患不及时整改；提升机承力架未与工程结构固定；施工队伍管理松弛是造成事故发生的主要原因。

(3)可分段式整体提升脚手架这一专项技术本身存在重大缺陷。该脚手架设有完整的防下坠安全装置；架体承重螺栓强度的安全裕度不足，也是造成事故的一个重要因素。

❸ 预防措施

1)预防架体上坠落的措施

(1)各种类型的脚手架必须由架子工进行搭设及拆除,架子工高处作业必须系挂安全带。

(2)脚手架的搭设和拆除必须认真把好9道关口:

①安全交底关。搭设和拆除脚手架之前,工长必须向架子工进行详细安全技术交底,明确架子类型、用途及搭拆标准和安全作业要求。

②材质检查关。严格按照规范规定的质量和规格选择架材。

③搭设尺寸关。严格按照规范规定的间距尺寸搭设脚手架的立杆、大横杆、小横杆、剪刀撑等。

④铺板关。脚手架作业层脚手板必须铺满、铺稳,离开墙面120~150mm;板与板之间不得有空隙和探头板、飞跳板;脚手板搭接长度不得小于200mm,脚手板对接时应架设双排小横杆,间距不大于300mm;在架子转弯处的脚手板应交叉搭接,脚手板应用木块垫平并要钉牢,不得用砖垫板;上料斜道的铺设宽度不得小于1.5m,坡度不得大于1:3,防滑条的间距不得大于30cm,并要经常清除架板上的杂物、冰雪,保持清洁、平整、畅通。

⑤护栏关。脚手架外侧、斜道(跑道)两侧、卸料台周边设1m高的防护栏杆和挡脚板,或者设防护栏杆,立挂安全网,下口封严。

⑥连接关。脚手架自身连接牢固和脚手架与构筑物连接牢固程度,直接关系到架子的稳定性,必须达到架子不摇晃;脚手架两端、转角处以及每隔6~7根立杆应设一组剪刀撑,自下而上循序连续设置到顶,每组剪刀撑纵向长度9m为宜;最下面的撑与地面的角度不得大于60°,与立杆的连接点离地面不得大于30cm,剪刀撑杆的接长,应用搭接方法,搭接长度不小于40cm,用两只转

向扣件锁紧,禁止用对接扣件;脚手架两端、转角处以及每隔 6 ~ 7 根立杆应设支杆,支杆与地面角度不得大于 60°,支杆底端要埋入地下不小于 30cm,架子高度在 7m 以上或无法设支杆时,每高 4m,水平每隔 7m,脚手架必须同建筑物连接牢固,拆除脚手架时从上至下随拆架同时拆除连接点。

⑦承重关。脚手架的均布荷载,不得超过 270kg/m^{2}时,在脚手架中堆砖,只允许堆放单行,侧摆三层,用于装修工程的脚手架均布荷载不得超过 200kg/m^2,如必须超载,应按施工方案采取加固措施,以保证安全。

⑧上下关。搭设各类脚手架,均必须为施工人员上下架子搭设斜道(跑道)或阶梯,严禁施工人员从架子爬上爬下。

⑨保险关。吊篮架子和桥式架子是一种工具式脚手架,设计、制造、安装质量直接关系到能否保证安全使用,因此必须对吊篮架子和桥式架子的设计图纸、制造工艺及安装质量进行严格的检查、试验。使用期间,必须经常检查吊篮的防护措施、挑梁、手扳葫芦、倒链、吊索、钢丝绳,发现问题立即解决,严禁工人在有隐患的吊篮内作业。除此之外,在使用中一定要装好、用好吊篮安全保险绳,每次放绳不得超过 1m 长并卡牢所有卡子,吊篮上的吊钩必须设保险措施,防止吊索脱钩,升降吊篮最好采用带保险装置的手扳葫芦。在使用期间,要对桥式架立柱与构筑物的联结、升降倒链、钢丝绳吊索、联结卡具等进行经常性检查,发现隐患立即排除,严禁使用有隐患的桥式架。

2)预防悬空坠落的防范措施

(1)从事悬空作业人员,每年要定期进行一次身体检查。凡患有高血压、心脏病、低血压、贫血病、癫痫病、神经衰弱及四肢有残缺的人员,饮酒以后及年龄不满 18 周岁人员,均不得从事悬空作业。

(2)6 级以上的大风及雷暴雨天,禁止在露天进行悬空作业。

(3)夜间施工,照明光线不足,不得从事悬空作业。

(4)悬空作业人员,必须佩戴符合国家标准并具有检验合格证的安全帽,系牢帽带,以保护头部。

(5)凡从事2m以上悬空作业人员,必须佩戴符合国家标准并有检验机关检验合格证的安全带。每次使用安全带之前,必须对安全带进行详细检查,确无损坏,方准使用。上下高处时,应把安全带的系绳盘绕在身上,防止碰挂。悬空作业前必须把安全带的系绳挂在牢固的结构物、吊环或安全拉绳上,且应认真复查,严防发生虚挂、脱钩等现象。

(6)使用安全带系绳长度需要3m以上时,应购买加有缓冲器装置的专用安全带。

(7)使用安全带应高挂低用,减少坠落时的冲击高度。

(8)安全带使用两年后,应按批量购入情况抽验一次。悬空安全带以80kg质量做自由坠落试验,若不破断,该批安全带可继续使用。对抽试过的样品,必须更换悬挂的安全系绳后才能继续使用。

(9)安全带的使用期为3～5年,使用期中如发现异常现象,应提前报废。

(10)悬空作业上方,凡无处挂安全带时,工长或施工负责人应为工人专设挂安全带的安全拉绳、安全栏杆等。例如,施工厂房的行车梁上部、吊装屋架的上部均系悬空,工人行走或作业,安全带无处挂,因此,必须在其上方设置安全拉绳或栏杆,以保证工人行走和作业时的安全。

3)"四口"防护措施

(1)楼梯门的防护措施。楼梯踏步及休息平台处,要设两道牢固防护栏杆或用立挂安全网做防护。同转式楼梯间应支设首层水平安全网。每隔四层设一道水平安全网。

(2)电梯井口的防护。电梯井口必须设高度不低于1.2m的金属防护门。电梯井内首层和首层以上每隔四层设一道水平安全网,安全网应封闭严密。未经上级主管技术部门批准,电梯井内不得做垂直运输通道和垃圾通道。

(3)预留洞口的防护。1.5m×1.5m以下的孔洞,预埋通长钢筋网或加固定盖板。1.5m×1.5m以上的孔洞,四周设两道护身栏杆,中间支挂水平安全网。

(4)通道口的防护。建筑物的出入口搭设长3~6m,宽于出入通道两侧各1m的防护棚,棚顶应满铺不小于5cm厚的脚手板,非出入口和通道两侧必须封严。

4)使用梯子的防护措施

(1)梯上作业,是建筑施工行业中较低的高处作业。坠落事故普遍发生在1~5m之间,造成死亡事故主要是坠落时伤害了人的要害部位——头部。因此,必须克服作业点不高,不会发生事故的麻痹思想和不愿意戴安全帽的错误行为。

必须坚持上梯作业前,把安全帽戴好,帽带系牢,万一架上人员向下坠落时,帽子不会滑落,可以保护坠落者的头部。

(2)各种梯子的制作,必须分别按相关规定中的技术要求进行选材、制作和试验检查,防止因梯子不符合安全要求,使用时折断,造成坠落伤亡事故。

(3)凡是购买的梯子,必须严格按国标的技术要求,进行检查验收,不符合国标要求的,不准发给工人使用。

(4)梯子长度不应超过5m,宽度不应小于30cm,踏板间距为27.5~30cm,最下一个踏板与两梯梁底端的距离均为27.5cm。

(5)每部木直梯两端踏板的下面和木折梯底端踏板下面,必须用直径不小于5mm的钢杆加固,其螺母与梯梁接触面应加金属垫圈。

(6)所有梯子的梯踏板面应采用通用的合成橡胶(丁苯橡胶)制作,以防打滑。

(7)各种梯子在使用前,使用者必须对梯子的梯梁、踏板、钢拉杆螺母、梯角防滑措施等进行认真检查,凡有损坏、松动等,必须进行加固后方准使用。

(8)各种梯子使用的工作角度为(75 ±5)°。角度太大容易倾倒,角度太小容易滑落。

(9)每部梯子上,只允许一个人作业,不准两人同时在一个梯子上操作。

(10)不准用梯子搭设临时操作架,也不准在脚手架上搭设小模杆代替爬梯。

(11)上折梯前,必须将固定梯子工作角度的撑杆装牢。

(12)凡在梯上进行用力较大的操作,作业前应将梯子上端绑扎在构筑物上。在通道处使用梯子,应设专人在地面扶梯监护。

(13)在梯上作业人员应佩戴工具袋,上下梯前,应将工具装入工具袋内,双手抓住梯梁进行攀登,以防失手坠落。

二、触电伤亡事故

❶ 事故案例

(1)事故类型:触电(图 7-2)。

(2)伤亡人员情况:1 人死亡,1 人受伤。

(3)直接经济损失:20 余万元。

(4)事故概况:某公司汽车队在清运工程废料作业中,违反起重吊装作业安全规程,在未达到吊装的安全距离时,盲目进行吊装作业,致使汽车吊大臂触及上方 10kV 高压线,造成 2 名配合吊装作业的工人被电流击倒。经抢救,1 人死亡,1 人受伤。在此事故处理中,对严重违反安全操作规程的责任人员,给予了行政处理。

图 7-2　触电事故

❷ 事故原因分析

(1)吊车司机与信号指挥人员在吊装作业中,违反安全操作规程,在未满足吊装作业安全距离的前提下,贸然进行作业,加之吊装上方树叶遮挡,视线不清,判断失误是造成事故发生的直接原因。

(2)指挥人员思想麻痹,安全意识不强,对危险作业的行为不但没有予以制止,反而草率地发出指挥信号进行吊装作业,最终造成事故的发生。

❸ 预防措施

1)预防手持式电动工具触电措施

(1)根据工作场所的危险程度选用相应类别的手持式电动工具,并按规程要求,严格采取防触电措施。

(2)建筑施工现场内一般场所应采用Ⅱ类手持式电动工具,并应配置额定漏电动作电流不大于 15mA、额定漏电动作时间小于 0.1s 的漏电保护器;若采用Ⅰ类工具,除上述措施外,工具本身还须作保护接零。

(3)在露天、潮湿场所或金属构架上操作时,必须选用Ⅱ类手持式电动工具,并配置防漏电保护器;额定漏电动作电流和时间要求同前。在这类场所中,严禁使用Ⅰ类电动工具。

(4)在高度危险场所(如金属容器内,狭窄的地沟内等)宜选用Ⅲ类的手持电动工具,由低压隔离变压器供电;若选用Ⅱ类工具,必须按前述要求配置漏电保护器。变压器和漏电保护器设在工作场所外,工作时应有人监护。

(5)下持式电动工具使用前,应对电源线、开关、外壳进行检查,不得有绝缘开裂破损现象,接头要牢固,开关要灵活。通电后要做空载检查,运转正常后方可正式作业。

(6)工具所用的电源插头、插座必须完好无损,内部接线不能松动,严禁不用插头接入电源,防止零线断线。

(7)插头、插座必须匹配,以保证插头插入时松紧适度,与插座接触紧密,不允许将两极插头插入四极插座接通电源。

(8)手持式电动工具的电源线必须符合《手持式电动工具的管理、使用、检查和维修安全技术规程》(GB/T 3787—2006),不得任意接长或更换,其中的绿/黄双色线在任何情况下都只能作保护接零线。

(9)工具的电源插座安装要牢固,以便取拔插头时不致被带动。为了防止插头损坏、接头松动,不要在拔插头时扯电源线。转移工作场所时,电源线应整理收齐,不能在地上拖拉。

(10)工具配电必须采用"一机一闸一漏电",禁止一闸多用。闸刀的漏电保护器应设在有门有盖的电箱内。

(11)检修应由专人进行。在检修时,应先将电源插头取下,断电后再进行作业。检修结束,工具原有的绝缘件不得拆除和漏装。

(12)工具存入库房后,由保管人员进行日常检查,专职人员进行定期检查,检查项目和内容按《手持式电动工具的管理、使用、检查和维修安全技术规程》(GB/T 3787—2006)规定执行。

2)防止高压触电的措施

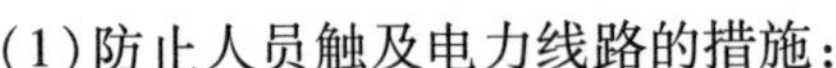

(1)防止人员触及电力线路的措施:

①对外侧有电力线路的建筑工程,在施工前按规范要求进行现场勘察,电力线路与建筑物外侧的水平距离不得小于表 7-1 的规定,否则应采取隔离防护措施。

电力线路与建筑物水平安全距离表 表 7-1

电力线路电压(kV)	1 以下	1～10	35～110	154～220	330～500
最小安全操作距离(m)	4	6	8	10	15

②隔离防护措施可以采用隔离棚架、屏障、遮拦、围栏或保护网,并应悬挂醒目的警告标志牌。

③隔离防护架的结构要求,可参照相应的脚手架搭设规定执行。所用材料必须是竹、木等绝缘材料,绑扎材料也须采用棕绳等绝缘物,防护架应采用竹笆片等材料密封。

④防护架搭设应牢固,与建筑物拉结,其高度和宽度应能保证保护整个操作面。工程竣工,最后拆除防护架。

⑤不能按前述要求进行防护时,必须与有关部门协商,采取停电、迁移线路或变更工程地址等措施,否则不得施工。

⑥在高压线路和设备上进行检修工作,必须完成停电、验电、放电、悬挂接地线和装设遮拦标志牌等工作。

⑦高压线路和设备检修工作,其停送电必须严格执行工作票制度,工作终结后恢复送电制度;不得采用传口信、打手势、灯光联络等方法停送电,这样容易发生误送电错误。即使停电检修、搭接高压线路作业前,也必须在线路两端做好临时接地线(也叫封地线)后,方准上杆作业。

⑧严禁在高压线下搭设建筑物或堆放材料。

(2)防止吊车触及高压线的措施:

①施工现场机动车道与外电线路交叉时的垂直距离不得小于表 7-2 的规定。

车道与高压线路交叉时垂直距离表　　表 7-2

外电线路电压(kV)	1 以下	1 ~ 10	35
最小垂直距离(m)	6	7	7

机动车辆在高压线下方通过时,应有防止车上设备、材料意外触及或接近高压线的措施。

②塔吊、汽车吊等进行吊运作业时,其臂杆、吊物、钢丝绳等与 1kV 高压线的最小安全距离不得小于 2m。

③必须在高压线下吊运作业时,应设置牢固的隔离防护措施或改变作业方式,否则不能施工。

④当吊车已发生高压触电事故时,应立即停止吊车动作,作业人员撤离事故点,并通知有关部门立即采取停电措施。

⑤当发生高压线断线落地后,非检修人员在室内要远离断落地点 4m 以外,在室外要远离断落地点 8m 以外,以防跨步电压危害。

3)预防低压线路和设施的触电措施

(1)预防线路触电措施:

①建筑施工现场内,建筑物外侧距 1kV 以下线路的最小水平安全距离不小于 4m,距道路垂直距离不小于 6m,应采取防护隔离措施。

②线路架设,必须用绝缘子固定在电杆上,严禁利用脚手架、树干和其他构架作支撑点,电缆线路可沿围墙敷设,高度不低于 7.5m。

③线路所用导线不得有绝缘破裂和老化现象。每一架空线路,在一个挡距内不得有两个接头;同一挡距内接头数,不应超过导线数的 50%。

④施工用临时线路穿墙过洞,应加绝缘导管保护,线路导线或电缆不能随地拖拉,以防意外事故发生。断线后应及时修复,

不能徒手拾起线头。

⑤室内线路采用绝缘导线敷设,应设绝缘物固定,高度不低于2.5m;采用电缆敷设,高度不低于1.8m。线路绑扎固定不能采用金属裸线。

⑥线路检修应严格遵守停送电制度和停电检修制度,在电源断开点应悬挂醒目的警告标志牌。

⑦施工现场供电线路,必须采用工作零线和保护零线分设的方式架设。

(2)预防配电设施触电措施:

①配电箱内熔断器、开关等电器应完好无损,开关灵活,接触紧密。

②箱内各电器绝缘外壳,不能因高温而变色、裂纹、缺损,且无带电体外露,必须设有专用工作和保护接零端子。

③箱内接线,必须排列整齐,不得有松动;各电源支路应有标志铭牌,以便保证在紧急情况下,准确切断电源。

(3)照明线路及灯具防触电措施:

①非电工人员不得私自乱接、乱拉灯头线路,在灯头损坏时,应通知电工及时更换。

②在地下室等危险场所施工,应使用安全电压照明,普通照明灯具不能代替工作行灯使用。

③金属照明灯具外壳应作保护接零,室内灯具高度不低于2.5m,室外不低于3m。

④现场内施工和生活照明均应设漏电保护器。

⑤螺旋灯头中心舌片应接相线,照明灯开关应控制相线。开关不能设在床头,搬把开关不能与插座装在同一处,以防失误触电。

(4)预防电动设备触电事故:

①电工要熟悉所管辖范围内的用电设备及其配电设备的电

气性能，坚持巡回检查制度，发现隐患及时处理。

②进入设备的电源线应穿管保护；管口密封，防止油污或水滴入管内。严禁任何带电线路通过设备。防止导线绝缘损坏时设备漏电。

③设备的一、二次回路各接线头应牢固，不得有散股、松动；对有振动的设备，其接线端子要配备弹簧垫圈。

④当设备需带电进行试车或检修时，必须由持证电工担任，并严格执行带电作业安全制度，采取有效的安全保护措施。移动设备，必须断电。

⑤设备的一、二次回路各种绝缘套管、垫片、接线盒盖等附件，如有损坏遗失，应立即更换配齐，出现电气故障，应及时维修，严禁带病运转。

⑥设备的过载、短路、漏电等电器保护装置必须齐全有效灵敏。在运行中，不能随意调整保护装置的额定值，保护装置动作后，应查明原因，排除故障，不得将保护装置短路，强行运行。

⑦设备的保护接零（地）要连接牢固，引线截面要符合要求，不得采用 $2.5mm^2$ 以下单芯铝线，接线端头应用螺母，配以弹簧垫圈；当设备安装漏电保护器时，保护接零（地）必须保留。

⑧设备的保护接零由专用保护接零线提供，不得将设备的工作零线代替保护零线，更不允许利用设备本身代替工作零线。

三、机械伤害事故

❶ 事故案例

（1）事故类别：机械伤害。

（2）伤亡人员情况：死亡 1 人。

（3）直接经济损失：22.25 万元。

(4)事故概况:在某动力中心及主厂房工程工地上,动力中心厂房正在进行抹灰施工,现场使用一台JC2350型混凝土搅拌机用来拌制抹灰砂浆。上午9:30时左右,由于从搅拌机出料口到动力中心厂房西北侧现场抹灰施工点有200m左右的距离,两台翻斗车进行水平运输,加上抹灰工人较多,造成砂浆供应不上,工人在现场停工待料。此时身为抹灰工长的刘某非常着急,到砂浆搅拌机边督促拌料。因刘某本人安全意识不强,趁搅拌机操作工去备料不在搅拌机旁的情况下,私自违章开启搅拌机,且在搅拌机运转过程中,将头伸进料口查看搅拌机内的情况,被正在爬升的料斗碰到其头部后,人跌落在料斗下,料斗下落后又压在刘某的胸部,造成头部大量出血。事故发生后,现场负责人立即将刘某急送医院,经抢救无效,于当日上午10时左右死亡。

❷ 事故原因分析

(1)直接原因。身为抹灰工长的刘某,安全意识不强,在搅拌机操作工不在场的情况下,违章作业,擅自开启搅拌机,且在搅拌机运行过程中将头伸进料斗内,导致料斗撞击到其头部,是造成本次事故发生的直接原因。

(2)间接原因。

①总包单位项目部对施工现场的安全管理不严,施工过程中的安全检查督促不力。

②清包单位对职工的安全教育不到位,安全技术交底未落到实处,导致抹灰工擅自开启搅拌机。

③施工现场劳动组织不合理,大量抹灰作业仅安排三名工人和一台搅拌机进行砂浆搅拌,造成抹灰工在现场停工待料。

④搅拌机操作工因为备料而不在搅拌机旁,给无操作证人员违章作业创造了条件。

⑤施工作业人员安全意识淡薄,缺乏施工现场的安全知识和

自我保护意识。

(3)主要原因。抹灰工长刘某，违章作业，擅自操作搅拌机，是造成本次事故的主要原因。

❸ 预防措施

(1)工程施工必须建立各级安全管理责任，施工现场各级管理人员和从业人员都应按照各自职责严格执行规章制度，杜绝违章作业的情况发生。

(2)施工现场的安全教育和安全技术交底不能仅仅放在口头，而应落到实处，要让每个施工从业人员都知道施工现场的安全生产纪律和各自工种的安全操作规程。

(3)现场管理人员必须强化现场的安全检查力度，加强对施工危险源作业的监控，完善有关的安全防护设施。

(4)施工现场应合理组织劳动，根据现场实际工作量配置和安排充足的人力和物力，保证施工的正常进行。

(5)施工作业人员也应进一步提高自我防范意识，明确自己的岗位和职责，不能擅自操作自己不熟悉或与自己工种无关的设备设施。

四、起重伤害事故

❶ 事故案例

(1)事故类别:起重伤害。

(2)伤亡人员情况:2 人死亡,1 人受伤。

(3)直接经济损失:50 余万元。

(4)事故概况:某单位在工程施工中，用 FO/23B 型塔式起重机(自由高度 61.6m，幅度为 50m)进行该楼八层结构承重大模板吊装作业时，由于违反起重吊装作业的安全规定，严重超载，造成

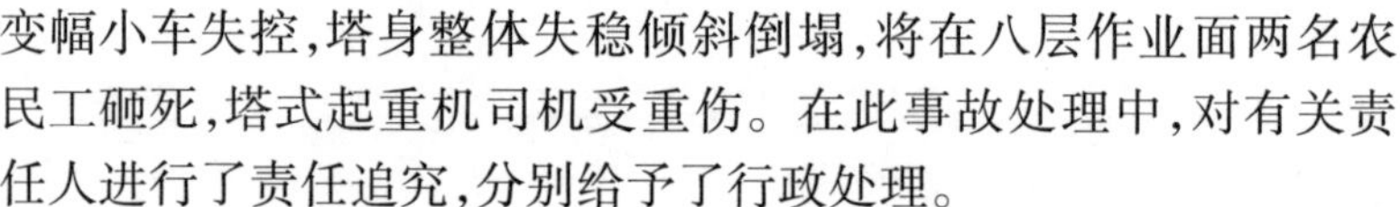

变幅小车失控，塔身整体失稳倾斜倒塌，将在八层作业面两名农民工砸死，塔式起重机司机受重伤。在此事故处理中，对有关责任人进行了责任追究，分别给予了行政处理。

❷ 事故原因分析

（1）负责起重吊装作业的专职人员，违反安全生产的有关规定，是造成事故的直接原因。事故调查结果表明：在此幅度时，塔吊的额定起吊质量为3.852t，而实际起吊质量为4.786t，超载25.1%。

（2）该塔抗过载能力低，是造成事故的重要原因。经专业部门在技术方面的确定，塔吊主弦杆含碳量偏低，金相组织较粗大，其材质硬度及机械性能偏低，导致其抗过载能力差。

❸ 预防措施

1）预防垂直起重伤害的措施

（1）吊篮制作防护：

①必须针对起吊质量的要求，依据《钢结构设计规范》（GB 50017—2003）的规定，设计井字架、门式架的吊篮，按照审定的设计图纸进行加工制作，特别要把好原材料和焊接质量关。

②吊篮底板下部中段应设置坚固的横担，防止使用过程中底板脱落。

③吊篮两侧应设置不低于1m高的金属防护网。防止作业人员和材料从侧向发生坠落事故。

④吊篮外向进出料口应设置自动升降防护门栏，防止推车、材料及高处卸料人员坠落事故的发生。

⑤吊篮内向进出料口应设置手推式双层滑动防护门。

（2）进出料口边的防护。井字架、门式架、外用电梯与楼层跑道平台接口处——进出料口边，应根据跑道宽度设置1m高的自动防护门，用蝴蝶弹簧铰链将自动防护门与跑道平台钢管用扁铁连接,在门中部铁皮上,向建筑一面标明“口边危险”,向井字架、门式架、电梯一面写上楼层数字。

(3)井字架及门式架的制作和防护。井字架、门式架底层外围应设置围栏或栏网和自动升降门,进出料口设架外设安全门栏,进出料口架外设安全门滑杆,固定在井字架的框架上。当吊篮下降到底层时,吊篮压下外安全门。

(4)井字架、门式架的卷扬机钢丝绳卷筒必须设保险装置。井字架、门式架的卷扬机钢丝绳卷筒设置保险装置,是为了防止卷筒钢丝绳松弛时钢丝绳滑出卷筒、钢丝绳收紧时(起重吊篮)把钢丝绳轧伤轧断造成的吊篮坠落事故。该保险装置是设在卷筒壁上方的活动钢筋保险护罩,检修时可随时打开钢筋护栏罩。

(5)井字架、门式架的天滑轮顶部必须设置钢丝绳保险罩。井字架、门式架的天滑轮顶部必须设置钢丝绳保险罩,是为了防止钢丝绳松弛时滑出滑轮槽、钢丝绳收紧时轧断钢丝绳,造成的吊篮坠落、人员伤亡的重大事故。

(6)井字架和门式架吊篮不准人员乘坐。井字架、门式架吊篮是一种简易的垂直运输设备,结构设计和钢丝绳选择安全系数均小于专用电梯,特别是缺乏自控安全装置。因此,井字架、门式架吊篮只能运输材料,不准任何施工人员乘坐。

(7)起重过高应设置分层联络信号。井字架、门式架垂直起重高度越来越高,人工难以达到起重高度。因此,30m 以上高度,应设置分层联系的音响、灯光装置或无线报话装置,统一升降联络信号,保证垂直运输安全。

(8)卷扬机司机和指挥人员必须经过培训。卷扬机司机和起重指挥人员必须经特殊安全技术培训、考核、发证,持证上岗,无证人员不得开卷扬机或指挥起重作业。

(9)卷扬机不得带病运行。经常对起重钢丝绳、滑轮、卷扬机系统进行检查、维护,发现隐患必须及时消除,不得带病运转。

(10)必须保护好电气设备。井字架、门式架卷扬机要设置专用的标准金属电闸箱,按照卷扬机的电动机用电负荷设置标准电闸箱和漏电保护器。电闸箱必须随着卷扬机配套转移,配套使用。电闸箱要加锁,卷扬机司机离开时必须锁好电闸箱,以防止其他人员随意开动卷扬机而造成意外事故。

(11)井字架、门式架的卷扬机宜采用点动式按钮。这样,一旦司机手指松开按钮,卷扬机就立即停止转动。自保式按钮启动后,司机手离开了按钮,卷扬机仍在运行,容易产生失误,造成意外事故。

(12)吊篮在运行中人不得爬上爬下。井字架、门式架的吊篮在运行中,任何人不得从架内外爬上爬下,更不得进行检修。

(13)吊篮起重钢丝绳的安全系数不得小于6。井字架、门式架吊篮升降比较频繁,吊篮起重钢丝绳的安全系数k不得小于6。因此,要根据井字架、门式架吊篮的不同起重量要求,乘以安全系数,运用符合设计要求的钢丝绳。严禁用尼龙绳、棕绳等代替起重钢丝绳。

2)起重安全技术措施

随着科学技术的发展,施工工艺不断更新,施工机械化程度不断提高,建筑机械日益增多。由于建筑产品生产的不固定性和作业环境经常变化,建筑机械常常随着工程发展不停地流动、转移,经常拆、装、运输,而且多为露天作业,日晒雨淋;灰尘大,易磨损,不安全的因素较多。如安装和使用不合理,检查维护不及时,安全装置不灵敏可靠,就更会增多不安全因素。因此必须加强对机械设备的选择、安装、使用、维护等环节的管理。随着高层和多层建筑的日益增多,起重设备特别是塔式起重机的使用范围日益广泛,因而,如何合理地对起重机械设备进行安全管理就更为突出,需做好下述几件事:

(1)明确作业地点,在施工平面图中明确定出塔式起重机架设位置、行走路线、与建筑物的安全距离等，以便搭设安全网，且不影响机械的行驶；如果是长臂式塔式起重机，还要考虑与建筑物架设支撑固定点的位置。

(2)当几台起重机在同一范围内同时作业时，除满足使用说明书规定的条件、架设地点外，还应注意以下几点：

①两台起重机塔身之间的最小距离为低位起重机的起重臂长加 2m，以防两机相碰。一台起重机中最低的部件(吊钩在最高位置或被提升物品的最高位置)和另一台起重机中最高部件之间的垂直距离不能小于 2m。

②如两台起重机平行移动时，两机相距不能小于 2m，并应采取适当装置，防止其中一台靠近另一台起重机。

③当一台起重机在另一台顶部工作时，处于高位的一台应有一定的装置，能防止起升钢丝绳进入低位起重机的起重臂和平衡重扫过的范围内。它们之间的距离最小应保持 2m。

④所有起重机应装风向标。

⑤采用两台吊车抬吊，应选用同类型的起重机，两台吊车的动作必须互相配合，两台吊车吊钩滑轮组不能有较大的倾斜，以防一台吊车失重而使另一台吊车超载。各台吊车的安全载荷不许超过起重量的 80%。

(3)各类起重机对地基的要求。履带式起重机的履带对地面的压强较大，行走时需要有较好的道路；轮胎式和汽车式起重机不适合在松软或泥泞的地面工作。起吊时，为了稳定，必须放妥撑脚以增加稳定性和减轻轮胎受载，不能用履带吊吊物行走。轨道行走的塔式起重机应按规定铺设轨道，以防造成倒塔事故；6 ~ 8t 上旋式塔式起重机在安装过程中要注意地锚的埋设，要有专人严格检查。

(4)卷扬机应采用不同的锚固方法予以固定，防止横向移动或向前倾覆。安装卷扬机时，在卷扬机的前方要装导向滑轮，使钢丝绳从卷筒下绕入，并与卷筒轴线呈垂直方向，使钢丝绳尽量呈水平状成，整齐地排列在卷筒上；导向滑轮至卷扬机的距离，不得小于卷筒长度的15倍，使钢丝绳偏离角不超过1.5°~2°，使钢丝绳不致与导向滑轮的轮槽产生过分的磨损。

(5)经常对各种起重设备进行安全检查。对起重机械，除检查各部位的润滑情况及所有装备的安全装置等的日常维护外，还必须检查行走轨道，要求制动装置的灵敏、可靠。对起重机驾驶员，还要求他们对所操作机械的结构、性能，特别是对各种安全装置的特点、作用、使用方法有较深的了解和具有全面的维护、调整技能，要熟悉安全操作规程，有熟练的操作技能。

(6)钢丝绳是起重吊装工作中专用捆绑、提升物件的料具，应保证在起重吊安全可靠。

通常是将绳从一侧的滑轮引出；"四四"以上的滑轮组宜采用花穿法。

3)起重作业中应注意的事项

(1)要充分考虑物件的运输、堆放。运输道路要平整坚实，并有足够的路宽和转弯半径，堆放的场地要平整坚实，排水良好，要按吊运先后顺序堆放。

(2)应根据重心位置选择系节点和吊点。盲目的系结和吊挂，会造成物件翻转、游摆，甚至发生事故。还应根据吊点的多少选择适用的吊具。

(3)捆绑物件时应符合下述要求：

①用于捆绑的绳索必须良好，安全系数应达到8~10。较重的物件用钢丝绳；较轻的可用麻绳。但每$1mm^2$截面积承受的载荷不得大于0.5kg。

②要掌握物件的重心位置。对有棱角或特别光滑的物件，应在绑扎处加垫麻布、木板或废橡皮，对用钢丝绳绑扎的尤应如此，以防止钢丝绳受硬弯损伤或滑脱。

③用钢丝绳多圈绕扎物件时，要按顺序捆绑，不要有压叠、打结和扭转等现象。

④起吊庞大物件时，一定要在物件上系扎溜绳，以防止物件在空中旋动，失去控制而造成事故。

⑤绳结在受力后不能松动，而应是受力越大收缩得越紧，但解结要方便、容易。钢丝绳应尽量避免打结，特别是不能在绳的中部打结。如确实必要，可在端部进行。

(4)选用履带式、轮胎式、汽车式等自行式起重机作业时，一定要保证稳定。

这类起重机失事60%以上是由于稳定性被破坏。因此如有超载荷工作或接长起重臂，一定要进行稳定性的验算，以保证在作业中不发生倾覆事故。

(5)起重机在坑沟、边坡工作时，应保持必要的安全距离(一般为坑沟边坡深度的1.1~1.2倍)。

在架空输电线路一侧工作时，起重臂、钢丝绳或重物与架空电线的最近距离应按相关规定执行。

(6)自行式起重机应停在水平位置上工作，起重机停妥后，允许斜度不得大于30°。

(7)指挥起重作业人员与起重机司机之间的配合默契是做到安全生产的关键。

指挥人员与起重机司机必须熟悉和掌握国家标准《起重吊运指挥信号》(GB 5082—1985)的各种手势信号、音响信号、旗语信号。指挥人员应根据规定的信号与起重机司机联系，起重机司机应根据指挥人员的信号进行操作，如信号不明确或不清楚时，可发出重复信号询问，明确指挥意图后，方可操作。起重机司机在开车前一定要鸣铃示警，在吊运过程中也要鸣铃，通知受吊运物件威胁的人员离开。

某些大型工程只用手势或旗语指挥起重吊运工作满足不了

工作需要，必须采用无线电对讲机。为此，指挥人员和起重机司机应加强学习，熟悉对讲机的结构、性能和使用方法，克服通常极容易混淆的术语。

(8)在起重吊运区域应有明确的标志，禁止无关人员进出，在物件吊运范围内和起重臂下严禁站人。

五、物体打击事故

❶ 事故案例

(1)事故类别：物体打击。

(2)伤亡人员情况：死亡 1 人。

(3)直接经济损失：6000 元。

(4)事故概况：某队架子工龚×、张××两人在搭设主厂房锅炉架 25.77mk_2～$k_3$5 轴线安装钢梁的架子时，因钢架管不够，龚某走到 k_2 柱子边时，看见靠钢筋混凝土柱子立着 8 根钢架管，于是就走去搬动，由于钢管紧靠钢筋混凝土柱子，并被周围支架卡得较紧，龚在搬动时，将靠钢筋混凝土柱子边与钢筋混凝土平台边缘立着的，长 5.1m 的钢架管松动后，继续用力搬动其他几根立着的架管。这时，靠柱子和平台边缘处的长 5.1m 的那根钢架管顺着平台边缘凹槽已向下滑出，当钢管飞速下坠到 $k_2$619.6m 处被两根柱子夹住并与支出架子约 1m 的钢管碰撞发出声响后，龚才发现有钢管掉下去。下坠的钢管在 19.6m 处经碰撞后，斜飞至锅炉炉架 9.97m 层钢筋混凝土板底层土地上，一端触地，另一端击中正在回填土方的民工付某头部左侧太阳穴，付当即倒地，安全帽左侧边缘被击碎，安全帽帽壳被弹飞出 3.2m，付某经送医院抢救无效死亡。

❷ 事故原因分析

(1)直接原因:交叉施工无安全防护措施。

(2)间接原因:锅炉架9.96~25.77m层卷扬机井字架拆除后,没有完全彻底把所拆除的支架管清除干净;37.17m层支架虽未拆除,但木工在拆模过程中对拆下的架管没有采取必要的措施,将钢管平放或固定;安全水平网不足5m,对拆除架后的空隙带,没有及时加密加宽安全网防护。

(3)主要原因:施工队长徐某于当日上午被通知“因锅炉架多处拆除、拆模,炉底回填土方不安全,暂停回填土方”后,没有认真贯彻通知班组,致使班组继续安排人员回填土方。

❸ 预防措施

(1)认真贯彻文明施工,材料堆放整齐、平稳,作业场地及时清扫,每天做到工完场清。

(2)多层建筑施工,在计划安排上要尽量避免立体交叉作业,确需进行立体交叉作业时,应事先采取隔离防护措施。

(3)施工工程靠近必须通行的道路时,应在道路上方搭设坚固、密封的防护棚,防止落物伤害行人。

(4)临街建筑面或高层建筑施工周边,应用竹笆、小眼立网与竹席密封,防止砖渣、石块、螺钉等较小物体坠物伤人。

(5)为了防止坠物伤害头部,安全规程明确规定进入施工现场的所有人员,必须戴好符合安全标准、具有检验合格证的安全帽,并系牢帽带;否则,不得进入施工现场。

(6)高处作业人员应佩戴工具袋,使用的小型工具及小型材料、配件等,必须装入工具袋内,防止坠落伤人。高处作业使用的较大工具,应放入楼层的工具箱内。

(7)清理的各楼层杂物,应集中放入垃圾桶或斗车内,并及时吊运到地面,严禁从窗内往外乱投掷物料。

(8)在深坑内砌筑或浇筑混凝土等,所用材料均应用溜槽向下投料,不准采用传砖和其他乱投的方法。

(9)深坑(槽)或地下室周边沿1m内,不准堆放配件、模板、钢管、钢筋、砖石等材料,防止落物伤人或土方坍塌。

(10)搭设或拆除脚手架时,必须在作业区域设置警戒区,并由专人负责警戒,严禁无关人员穿越警戒区。拆除的架料、扣件,必须堆码整齐,统一吊运地面,严禁从高处向下投掷架管、架板、扣件等。翻架板时应事先清扫板上杂物。

(11)建筑物开始拆除前,应在建筑物周围设置警戒的安全围栏和悬挂警告标志,禁止非拆除人员进入拆除场地。拆下的材料要及时清理运走,散碎材料应用溜放槽顺槽溜下。

(12)施工工程的出入口,必须搭设坚固的防护板棚,棚的宽度要大于出入口,棚的长度应根据建筑物高度分别设置,一般以5~10m为宜。

(13)楼层中堆放各种材料、配件等,距边沿的距离应大于1.5m。靠近伸缩缝旁,不宜堆材料。

(14)上下传送材料,特别是易滑的钢材,绳结必须系牢,防止材料散落伤人。

(15)钢模板比较光滑,在临边外安装和拆除钢模板时,其下方应设危险警戒区,作业人员应站立在平稳的架板上,不得站在钢管上作业。在拆除顶模板时,应留一定数量的支撑,防止顶板脱落砸伤拆模工人。拆下的模板、杆件、扣件、U形卡等应及时用绳索或溜槽运至地面。

(16)参照预防起重伤害的措施,所有井字架、门式架的吊篮,必须设置1m高的钢筋网护栏、护门,防止砖头等小型材料或斗车在垂直升降中坠落伤人。

(17)吊运大模板必须用卡环卡牢,防止模板坠落。大模板在校正固定之前,应用钢丝绳临时固定在楼板吊环或墙壁立筋上,以防止校正时大模板倾倒伤人。大模板应按施工组织设计规定的地方堆放，场地必须平整夯实。大模板存放时，必须将地脚螺栓提上去，使自稳角度为70°～80°，没有支撑或自稳角不足的大模板，要放在专用的堆放架内或卧倒平放，不应靠在其他模板或构件上。

(18)在平台上起吊大模板时，平台上禁止堆放其他任何材料、配件、工具等物件，以防止滑落伤人。

(19)圆盘锯上必须设置分割刀和防护罩，防止锯下木料被锯齿弹飞伤人。

(20)在现场或车间进行钢筋张拉时，必须在张拉周围设置危险警戒区，任何人不得进入，张拉作业人员亦应在防护墙外进行张拉，防止钢筋断裂飞出伤人。

六、坍塌伤亡事故

❶ 事故案例

(1)事故类别：坍塌。

(2)伤亡人员情况：2人死亡。

(3)直接经济损失：25余万元。

(4)事故概况：某公司在工地进行基础回填作业时，由于回填的土方集中，致使该工程南侧的防水墙受侧压力的作用，呈一字形倒塌（倒塌墙的长度为35m，高2.3m，厚0.24m），将在防水墙前做清理工作的2名农工砸伤致死。在此事故处理中，对有关责任者给予了行政处分，并对该工地进行了停工整顿的处理。

❷ 事故原因分析

(1)施工人员违反施工技术交底的有关规定，墙体未达到一定强度就进行回填，且一次回填的高度又超过了规定的要求，加

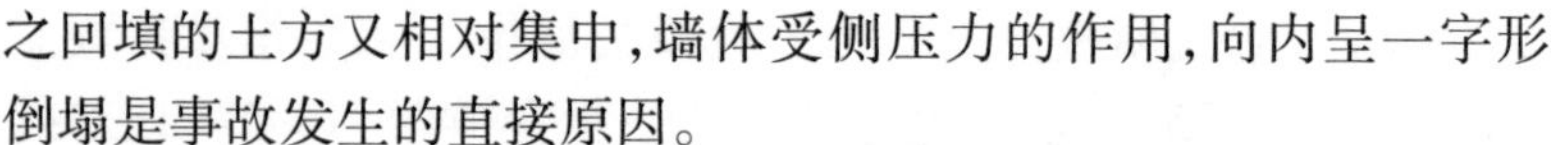

之回填的土方又相对集中，墙体受侧压力的作用，向内呈一字形倒塌是事故发生的直接原因。

(2)有关技术人员在制定施工方案时，未结合现场的实际情况，制定切实可行的施工方案，未针对实际在墙体砌筑宽度较小的部位进行稳固的技术措施，在施工技术方面有疏漏，这是造成事故发生的主要原因。

(3)负责施工生产的管理人员，对安全生产工作没有给予足够的重视，对施工现场的安全状况失察，颠倒施工程序，这是事故发生的主要原因。

❸ 预防措施

1)预防井字架、门式架倒塌的措施

(1)把好设计制作关。井字架、门式架倒塌的重要原因之一，是设计不按规范，相互仿制时也不进行复算，制作时没有质量检验标准。因此，井字架、门式架均必须按《钢结构设计规范》进行设计，并经公司总工程师、机动科、安全科、技术科审查批准后，按设计图纸制作。制作井字架、门式架的金属材料，必须有出厂证明，按设计要求对号加工，焊接工作必须由经过考试合格并持证的焊工进行。

(2)做好基础。井字架、门式架倒塌的重要原因之二是基础不牢。在安装井字架、门式架之前，首先应对土质进行夯实，然后可用条石、砂夹卵石分层夯实，或用 C10 ~ C20 级混凝土现浇简易基础，预埋地脚螺栓。其面积要比架体四周大 50cm，高出地面 20 ~ 30cm，并做好排水沟，保证排水良好，使基础不受水淹，防止基础沉陷，架体倾斜。再将井字架、门式架底座放在基础上，与基础预埋螺栓拧紧。凡装有起重臂杆的井字架底部应设压重物，总压重不得小于井字架总质量的 1.9 ~ 2 倍。井字架竖立高于 6m 时，应先加 6t 压重，以利架设作业中安全。

(3)钢管井字架的搭设。用钢管搭设井字架,相邻的两根立杆接头错开长度不得少于 50cm,横杆和剪刀撑(十字撑)必须同时安装。滑轨必须垂直,两滑轨间距误差不得超过 10mm。

(4)钢制门式架的搭设。钢制门式架整体竖立时,底部须用拉索与地锚固定,防止滑移,上部应绑好缆风绳,对角拉牢,就位后收紧并固定缆风绳。

(5)要设置牢固的缆风绳。较多的井字架、门式架倒塌事故的主要原因是缆风绳不牢所致。如有的井架已安装 25m 高尚不拉缆风绳,造成安装中井字架倒塌。也有的井字架、门式架使用报废的钢丝绳作缆风绳,导致绳断而倒塌;还有的用钢筋或 8 号钢丝作缆风绳因拉断而倒塌。因此,设置牢固的缆风绳,是预防井字架、门式架倒塌事故的重要措施。

①井字架、门式架的缆风绳,必须根据最大起重量和架设的高度,通过计算,选用最大拉力 6 倍安全系数的钢丝绳,设置四角缆风绳。如井字架增设双扒杆,每层应设置 6 根缆风绳为宜。

②安装高度达到 10 ~ 15m 的井字架、门式架,必须设一组 4 根固定缆风绳,每增高 10m 再加设一组(一层)固定缆风绳。搭设井字架、门式架高度达到 10m 时,应先设一组 4 根临时缆风绳,待固定缆风绳安装稳妥后,再拆除临时缆风绳,以确保井架搭设时的安全。

③缆风绳与地面的角度应为 45° ~ 60°。每根缆风绳底端,必须设置一个花篮螺栓(又称松紧器),以便随时调整缆风绳的松紧度。花篮螺栓与缆风绳和锚桩连接必须用同一规格的钢丝绳。缆风绳的顶端,不宜直接拴在井字架角钢上,应在连接处设置套管或活动环等,把缆风绳拴在套管或活动环上,以减少磨损。禁止用 8 号钢丝或钢筋作缆风绳。

(6)要设置牢固的地龙、锚桩。井字架、门式架的地龙、锚桩,必须严格要求,按规定设置。

①地龙坑的深度,应根据地龙受力大小和土质坚硬程度而定。一般坑深1.5~3.5m,将横梁卧放在坑底,在梁中部绑上钢丝绳,从坑的前槽引出与花篮螺栓连接,坑内放一些石头等压重物,然后回填土夯实。起重量较大或井子架、门式架较高,设地龙为宜。

②锚桩由2m长的ϕ48~ϕ51mm的钢管或L75mm×60mm的角钢制作,与缆风绳相反方向倾斜打入地下1.5m深。

③如要利用建筑物或构筑物代替锚桩,必须事先经过验算,证明确实安全可靠,方可使用。

④严禁把缆风绳拴在树上、电杆上、门窗上等危险做法。

⑤为了确保使用安全,安装后要由工长会同有关人员检查验收,必要时要试拉。使用中要明确专人定期检查,发现变形应立即采取补救措施,防止事故发生。

(7)采用附着式井字架、门式架。随着高层建筑增多,高井架、高门架的缆风成为施工现场的一大难题,很多施工现场场地窄小,根本无法拉缆风绳。因比,附着式井字架、门式架出现了,井字架架设高度可达100m,门式架架设高度可达65m,实际的架设高度,应根据使用要求,进行计算后确定。

(8)要设置避雷装置。井字架、门式架高出周围避雷设施,均必须设置避雷装置,其避雷针必须高出两架最高点3m,引下线和接地极必须连接紧密,接地电阻不得大于4Ω。

(9)要设置升高限位装置。有的井字架、门式架倒塌,是由于卷扬机司机操作失误,又没装升高限位装置,以致把井字架、门式架拉翻。所以,井字架、门式架必须设置升高限位装置。目前井字架、门式架的升高限位装置有三种:

①在井字架、门式架天滑轮下方4m处设置升高限位装置。其缺点是必须把电线顺井字架、门式架拉到高处,如果导线绝缘损坏,随时可能造成金属架导电而发生触电事故。再者,限位开

关发生故障，检查维修必须爬到两架顶部，很不方便。

②在卷扬机的卷筒上方设置一个横杆，在杆上装上可横向移动的升高限位装置，当吊篮升到最高允许位置时，卷筒上钢丝绳触碰限位开关，卷扬机断电停转。缺点是当卷筒上钢丝绳乱绳时，就会提前触碰限位开关，吊篮未能到位，卷扬机已断电停转。

③在卷扬机卷筒轴上安装一个过卷限位开关，对吊篮起升高度进行控制。

(10)要设断绳保险装置。

(11)要设吊篮定层装置。

2)预防脚手架垮塌的措施

(1)高层脚手架基础要求。

①脚手架地基与基础的施工，必须根据脚手架搭设高度、搭设场地土质情况与现行国家标准《建筑地基与基础工程施工质量验收规范》(GB 50202—2002)的有关规定进行。

②脚手架底座底面高程宜高于自然地坪 50mm。

③脚手架基础经验收合格后，应按施工组织设计的要求放线定位。

④脚手架底座、垫板必须准确放在定位线上，垫板宜用木板或槽钢。

(2)脚手架结构加强措施。

脚手架的立杆、横杆、扣件、剪刀撑及与结构的联结必须符合《建筑施工扣件式钢管脚手架安全技术规范》(JGJ 130—2001)的具体要求。

(3)脚手架搭设前要编制搭设方案并经过审查和批准；超过 50m 的高层脚手架要经过专门设计计算。

3)预防土石方坍塌的措施

(1)要放足边坡。土方边坡的稳定，主要由土体的内摩阻力和黏结力来保持平衡。一旦土体失去平衡，边坡就会塌方，造成人身伤亡，影响施工正常进行，同时还会危及附近建筑物的安全。因此，必须做到：

①土方施工前要做好调查研究工作。土方工程施工前，应做好必要的地质、水文和地下设备（如天然气管、瓦斯管道、电缆等）的调查和勘察工作，制订出土方开挖的方案。在深坑、深井内作业时，还应采取测毒和通风换气的措施。

②挖土方应从上而下分层进行，禁止采用挖空底脚的操作方法（即挖神仙土），挖基坑、沟、槽、井坑时，应视土的性质、湿度和挖的深度，选择安全边坡或设置固壁支撑。在沟、坑边堆放泥土、材料，至少要距离沟、坑边沿1m以外，高度不得超过1.5m。

③所放边坡要适当，边坡放得太大，增加开支；边坡放得太小，又会造成塌方事故。边坡坡度应根据挖方深度、土的物理性质和地下水位的高低，按《土方与爆破工程施工及验收规范》（GBJ 201—1983）的规定选用。

④挖大孔径及扩底桩施工前，必须按规定制定防坠人落物、防坍塌、防人员窒息等安全防护措施，并指定专人实施。

（2）支好固坡支撑。

（3）做好排水等措施。

①在平地土方工程施工前，应认真挖好地面临时排水沟或筑土堤等设施，防止施工用水和地面雨水流入坑、沟、槽，造成边坡坍塌。

②在山坡地区施工，应尽量按设计要求先做好永久性截水沟。确因特殊情况来不及做永久性截水沟时，也必须设置临时截水沟，阻止山坡水流入施工现场，以防止向坑、沟、槽壁、底渗漏，造成坍塌。临时截水沟至挖方边坡上缘的距离，应根据土质确定，一般不得小于3m。

③开挖低于地下水位的基坑、基槽、管沟和其他挖方时，应根据开挖层的地质资料、挖方深度等实际情况，选用集水坑降水、井点降水或两种方法相结合等措施，降低地下水位，以防地基土结

构遭受破坏，造成边坡塌方或影响施工质量。

④土方工程尽量在雨期到来之前完成，必须在雨期前开挖坑、槽、沟等，应注意边坡稳定。必要时可适当放缓边坡坡度或设置支撑。施工时应有专人负责加强对边坡和支撑的检查。

⑤冬期采用蒸汽法和电热法等融化冻土时，应按开挖顺序分段进行。冬期开挖土方时，有可能引起邻近建筑物或构筑物坍塌或冻坏其他地下设施时，应事先采取防护措施。

⑥凡挖方的壁坡中有危石或爆破作业中有危石，必须及时处理后，方准继续施工。

4）防止模板及其支架系统倒塌的措施

（1）模板、支架系统必须进行设计计算，以保证其具有足够的强度、刚度和稳定性，能可靠地承受钢筋和新浇筑混凝土的重量以及在施工过程中所产生的荷载。

（2）模板和支架所用材料可选用钢材和木材。钢材应符合《碳素结构钢》（GB/T 700—2006）中的 HPB235 钢标准。木材应符合《木结构工程施工质量验收规范》（GB 50206—2002）中的承重结构选材标准，其树种可按各地区实际情况选用，材质不宜低于Ⅲ等材。

（3）模板的安装和支架的搭设必须符合设计要求和有关规范的规定。

（4）模板和支架的拆除应符合设计要求，如设计无要求时，应在与现场同条件养护的混凝土试块的强度达到设计强度后，方能拆除。

（5）模板和支架的拆除应编制可靠的拆除方案，并向工人做好安全技术交底，严格按照拆除方案的要求拆除。

（6）大模板存放必须将地脚螺栓提上去，使自稳角呈 70°～80°。长期存放的大模板，必须用拉杆连接绑牢。没有支撑或自稳角不足的大模板，要存放在专用的堆放架内。

参考文献

[1] 黄勇. 公路水运工程施工安全标准化指南[M]. 北京:人民交通出版社,2013.

[2] 交通运输部工程质量监督局. 公路桥梁和隧道工程施工安全风险评估制度及指南解析[M]. 北京:人民交通出版社,2011.

[3] 交通运输部安全监督司. 交通运输工程建设企业安全生产标准化考评指南[M]. 北京:人民交通出版社,2012.

[4] 交通运输部基本建设质量监督总站. 公路水运工程安全生产管理人员继续教育培训教材[M]. 北京:人民交通出版社,2009.

[5] 徐大海,陈祖新. 建设工程施工现场安全生产保证体系管理资料(工地安全管理台账实例)[M]. 上海:同济大学出版社,2004.

[6] 中华人民共和国行业标准. JGJ 46—2005 施工现场临时用电安全技术规范[S]. 北京:中国建筑出版社,2005.